Recetario Cetogénico de Comida Sureña

Regalo Incluido

Como parte de nuestro compromiso de asegurarnos de que lleve un estilo de vida saludable, hemos incluido un libro electrónico gratuito en el siguiente enlace. Este libro le ofrece una lista de alimentos que puede incorporar a su vida diaria para perder peso y vivir de forma más saludable. El enlace al regalo está abajo:

http://36potentfoodstoloseweightandlivehealthy.gr8.com

Descargo de Responsabilidad

Copyright © 2021

Todos los derechos reservados.

Ninguna parte de este libro puede ser transmitida o reproducida de ninguna forma, ya sea impresa, electrónica, por fotocopia, escaneada, mecánica o grabada, sin la previa autorización por escrito del autor.

Aunque el autor se ha esforzado al máximo por garantizar la exactitud del contenido escrito, se aconseja a todos los lectores que sigan la información aquí mencionada bajo su propia responsabilidad. El autor no se hace responsable de ningún daño personal o comercial causado por la información. Se recomienda a todos los lectores que busquen asesoramiento profesional cuando lo necesiten. Este libro no está escrito por un médico y no proporciona curas para ninguna enfermedad. Por favor, consulte a un médico profesional si está enfermo.

Tabla de Contenido

Regalo Incluido 2

Descargo de Responsabilidad 3

Tabla de Contenido 4

Introducción 10

Recetas de pollo frito 14

Pollo frito con harina de almendra y parmesano 14

Pollo frito ceto al horno 16

Terneras de pollo fritas del sur 18

Pollo frito del sur con harina de coco 20

Pollo frito al estilo sureño con suero de leche 22

Recetas cajún 24

Condimento Cajún 24

Mini perros calientes de coliflor cajún 26

Jambalaya cajún 29

Tacos de pollo cajún 32

Sartén cajún de pollo, salchichas y verduras 34

Pasta de pollo cajún.. 36

Nuggets ceto de pollo cajún 40

Hash de coliflor cajún 42

Arroz de coliflor cajún... 44

Mahi mahi cajún ennegrecido.. 46

Salmón ennegrecido con zoodles cajún 48

Filetes de salmón cajún con salsa de camarones y crema....................... 51

Recetas de gofres ceto 53

Gofres ceto... 53

Gofres de chocolate 55

Gofres proteicos de chocolate y avellanas..57

Gofres de chispas de chocolate... 59

Gofre de tarta de fresa... 61

Gofre de calabaza ceto-vegano 63

Gofres de coliflor con croquetas de papa 65

Gofres de queso y jamón 67

Gofre de quimbombó y queso 70

Gofre de pollo a la búfala 72

Gofre ceto de mantequilla de maní 74

Sémola y galletas.. **76**

Desayuno con sémola.. 76

Sémola de queso ceto 78

Reconfortantes sémolas de maíz... 79

"Sémola" de coliflor y camarones ceto..81

Bizcocho de desayuno con harina de coco 83

Galletas ceto 85

Panecillos de desayuno rellenos... 87

Biscochos esponjosos al estilo sureño.. 90

Galletas y salsa sureñas 92

Recetas sureñas **95**

Salsa ceto sureña 95

Gumbo de pollo y camarones con salchichas 97

Huevos endiablados de cangrejo 99

Hervido de marisco del sur 101

Asado de Mississippi ceto 104

Sopa de cangrejo cremosa ceto 106

Tarta sureña de tomate de verano 108

Hervido de camarones cajún 111

Camarones y sémola al estilo del sur 113

Frittata de camarones del sur 117

Perros calientes ceto 119

Recetas latinas de Florida 121

Guiso de pollo marrón al estilo jamaicano 121

Calalou jamaicano 124

Calalou y Salmón 126

Camarones a la jamaicana 128

Pargo a la parrilla con mantequilla compuesta Old Bay 130

Arroz con pollo cetogénico bajo en carbohidratos 132

Ajiaco 135

Pollo a la jamaicana 138

Ensalada de pollo a la jamaicana 141

Pollo al curry jamaicano 143

Hamburguesas de carne jamaicanas 147

Cerdo cubano ceto (lechón) 151

Emparedados cubanos ceto 153

Bocadillos cubanos ceto 155

Pollo puertorriqueño 157

Sopa caribeña de calalou 159

Calalou caribeño y cangrejo 161

Recetas de postres sureños 163

Pastel de mantequilla sureño ceto 163

Tarta de chocolate 165

Pastel sureño de coco y nueces ceto 168

Tarta de calabaza 171

Tarta de manzana ceto 174

Pastel de chocolate vegano ceto 177

Bayas crujientes 180

Tarta de moras 182

Brownies 184

Crema de lima 186

Churros ceto 188

Conclusión **191**

Introducción

La cultura sureña surgió cuando los soldados británicos entraron en Jamestown, Virginia, con unos cuantos cerdos en el año 1607. Los lugareños de la zona, los indios Powhatan, se tomaron su tiempo para compartir los conocimientos sobre las especias que utilizaban para cocinar sus alimentos. Al cabo de unos años, los indios Powhatan guiaron a los británicos a través de los florecientes productos botánicos. Les revelaron sus secretos sobre los nuevos sabores que escondía la tierra. Con el tiempo, personas de otros países llegaron a Virginia, y la comida que se preparaba en este estado sureño pronto cambió. Se convirtió en una mezcla de tradiciones y alimentos nacionales y extranjeros. La cocina sureña es uno de los estilos culinarios más diversos y tradicionales que ha pasado de generación en generación. Nuestro objetivo no es trazar la historia de esta cocina, sino ver algunos de los platos clásicos del Sur que son aptos para la dieta cetogénica.

La mayoría de la gente evita la dieta sureña porque no es muy saludable, pero no es el caso de todos los platos. Como toda cocina, hay algunas preparaciones que son saludables. También puede utilizar ingredientes sustitutivos que son bajos en carbohidratos. Cuando se sigue la dieta cetogénica, es necesario consumir comidas que sean bajas en carbohidratos y altas en grasas. Sin embargo, estos platos deben incluir una cantidad moderada de proteínas. Al reducir la ingesta de carbohidratos, su cuerpo tendrá que buscar un medio alternativo para producir energía, ya que los niveles de glucosa en su cuerpo disminuirán. La única opción que tiene su organismo es dirigirse a la grasa almacenada y a la grasa de los alimentos para producir energía. Cuando su cuerpo descompone la grasa en cetonas, este pasará al estado metabólico llamado cetosis. Cuando comienza a quemar grasa, se pierde peso más rápidamente. Es por esta razón que las personas pierden peso rápidamente cuando siguen la dieta cetogénica. Este estilo de vida tiene increíbles beneficios para su salud en general.

La dieta cetogénica en esencia obligará al cuerpo a liberar cetonas en el torrente sanguíneo. Cuando su cuerpo alcanza el estado metabólico llamado cetosis, las células comenzarán a utilizar estos cuerpos cetónicos para producir energía hasta que vuelva a consumir carbohidratos. Recuerde es un proceso altamente individualizado. Esto significa que es posible que tenga que seguir una dieta más restringida si quiere producir más cetonas.

Puede que ahora se pregunte cómo se pueden consumir platos sureños cuando se está haciendo la dieta cetogénica, ya que esta cocina es muy alta en carbohidratos, grasienta y, honestamente, no es muy buena para su corazón. Dicho esto, es posible prepare una comida sureña saludable que tendrá un sabor extremadamente bueno. Si se le antoja, debería elegir las recetas de este libro. Estas son versiones deliciosas, sencillas y bajas en carbohidratos de un plato sureño. Este libro tiene sabrosas ideas de comidas y recetas que frenarán sus antojos y le ayudarán a seguir un plan de comidas saludable. Encontrará recetas que van desde el pollo frito hasta el pastel de lodo de Mississippi y mucho más. Todo lo que necesita recordar es que puede seguir una dieta cetogénica sin preocuparse. Debe reducir su consumo de carbohidratos para que su cuerpo produzca más cetonas. Sólo así podrá perder peso.

Si tiene antojo de una buena comida sureña, ha llegado al lugar adecuado. Este libro tiene las mejores recetas que puede utilizar para frenar su antojo. Las recetas de este libro son aptas para la dieta cetogénica, lo que significa que es bajo en carbohidratos y tiene muy poco azúcar. Los alimentos utilizados se adaptarán a su dieta saludable y podrás comer sin sentirse culpable. Esto es perfecto, ¿no?

Gracias por comprar este libro. Espero que disfrute de las deliciosas recetas y continúe siguiendo la dieta cetogénica.

Este libro no está escrito por un médico y no proporciona curas para ninguna enfermedad. Por favor, consulte a un médico profesional si quiere hacer cambios significativos en su dieta.

Recetas de pollo frito

Pollo frito con harina de almendra y parmesano

Porciones: 3

Ingredientes:

- 1 libra de filetes de muslo de pollo, cortar cada filete en 3 trozos iguales
- 1 cucharadita de sal de apio
- ½ cucharadita de orégano seco
- ½ cucharadita de ajo en polvo
- ¼ de cucharadita de chile en polvo
- 1 cucharada de crema de leche
- 1 huevo pequeño
- ¼ de taza de queso parmesano finamente rallado
- ¼ de taza de harina de almendra

Instrucciones:

1. Coloque el pollo en un bol.

2. Mezcle el ajo en polvo, el chile en polvo, la sal de apio y el orégano en un bol y espolvoree sobre el pollo. Mezcle bien y deje reposar durante 30 minutos.
3. Mientras tanto, añada el huevo y la nata en un bol y bata bien.
4. Añada la harina de almendras y el queso parmesano en un cuenco poco profundo.
5. Prepare la freidora y déjela calentar a 355° F.
6. Primero debe sumergir los trozos de pollo en la mezcla de huevo, de uno en uno y luego pasarlos por la mezcla de harina de almendras y colóquelos en una bandeja.
7. Debe freír el pollo en la freidora por tandas, hasta que esté dorado o hasta que el pollo esté bien cocido. Retire el pollo y colóquelo en un plato forrado con papel de cocina.
8. Sirva caliente.

Pollo frito ceto al horno

Porciones: 6

Ingredientes:

- 2 onzas de cortezas de cerdo, trituradas
- ½ cucharadita de sal marina
- ½ cucharadita de orégano seco
- ½ cucharadita de pimentón ahumado
- ¾ cucharadita de tomillo seco
- ½ cucharadita de pimienta
- ¼ de cucharadita de ajo en polvo
- 6 muslos y piernas de pollo con hueso, sin piel
- 1 onza de mayonesa
- 1 huevo pequeño
- 1 ½ cucharadas de mostaza de Dijon

Instrucciones:

1. Añada la corteza de cerdo, la sal y todas las especias en un bol poco profundo y remueva hasta que estén bien combinadas.
2. Añada el huevo, la mostaza de Dijon y la mayonesa en un bol y bata bien.
3. Coloque una rejilla en una bandeja de horno.
4. Primero sumerja los trozos de pollo en la mezcla de huevo, uno por uno, y luego páselos por la mezcla de corteza de cerdo y colóquelos en la rejilla.
5. Hornee en un horno precalentado a 400° F durante unos 40 minutos o hasta que esté bien cocido.

Terneras de pollo fritas del sur

Porciones: 2

Ingredientes:

- 2 pechugas de pollo
- 1 huevo pequeño, batido
- 2,5 onzas de harina de almendra
- 1 cucharadita de pimienta de cayena
- 1 cucharadita de ajo en polvo
- 1 cucharadita de sal de cebolla
- 1 cucharadita de hierbas mixtas secas
- ½ cucharadita de pimienta
- ½ cucharadita de sal

Instrucciones:

1. Coloque la pimienta de cayena, el ajo en polvo, la sal de cebolla, las hierbas, la sal y la pimienta en un bol y remueva hasta que estén bien combinados.

2. Frote esta mezcla en los trozos de pollo. Coloque en un bol. Tape y deje enfriar de 2 a 8 horas.
3. Primero debe sumergir los trozos de pollo en el huevo, de uno en uno, luego pasarlos por la harina de almendras y colóquelos en una bandeja.
4. Prepare la freidora y déjela calentar a 355° F.
5. Debe freír el pollo en la freidora por tandas hasta que esté dorado o hasta que el pollo esté bien cocido. Retire el pollo y colóquelo en un plato forrado con papel de cocina.
6. Sirva caliente.

Pollo frito del sur con harina de coco

Porciones: 5 – 6

Ingredientes:

- 2 ½ libras de muslos de pollo
- ½ cucharadita de pimienta
- ½ cucharadita de sal
- ½ cucharadita de pimentón
- ½ cucharadita de ajo en polvo
- ½ taza de harina de coco
- Aceite para freír, según sea necesario

Instrucciones:

1. Añada el ajo en polvo, la sal, la pimienta y el pimentón en un bol y remueva. Frote esta mezcla en los trozos de pollo. Coloque en un bol. Tape y deje enfriar durante 2 - 8 horas.
2. Espolvoree la harina de coco sobre el pollo y mezcle bien.

3. Ponga una sartén profunda de fondo grueso a fuego medio. Añada suficiente aceite para cubrir el fondo de la sartén (2 pulgadas de la altura de la sartén). Cuando el aceite esté caliente, añada el pollo en tandas.
4. Debe freír hasta que se dore o hasta que se cocine.
5. Retire el pollo con una espumadera y colóquelo en un plato forrado con papel de cocina.
6. Sirva caliente.

Pollo frito al estilo sureño con suero de leche

Porciones: 5 – 6

Ingredientes:

- ¾ de taza de suero de leche
- 2 ½ libras de pollo, cortado en 5 - 6 piezas
- 2 cucharaditas de sal kosher
- ¾ de cucharadita de pimienta
- ½ cucharadita de copos de pimienta roja o al gusto
- ¼ de cucharadita de hinojo seco
- ¼ de cucharadita de chile en polvo o al gusto
- 1 cucharadita de hierbas italianas secas
- ½ paquete de sazonador
- ¼ de cucharadita de cebolla en polvo
- ¼ de cucharadita de ajo en polvo
- ¼ de cucharadita de condimento cajún
- 1 taza de harina de almendra
- ½ taza de harina de coco

- Aceite de cacahuete para freír, según sea necesario

Instrucciones:

1. Coloque el pollo en un bol. Vierta el suero de leche por encima. Déjelo reposar durante 30 minutos.
2. Añada las especias y la sal y mezcle bien.
3. Espolvoree la harina de coco y la harina de almendras sobre el pollo y mezcle hasta que el pollo esté bien cubierto. Saque los trozos de pollo y sacúdalos para que caiga el exceso de rebozado.
4. Ponga una sartén profunda de fondo grueso a fuego medio. Añada suficiente aceite para cubrir el fondo de la sartén (2 pulgadas de la altura de la sartén). Cuando el aceite esté caliente, añada el pollo en tandas.
5. Debe freír hasta que se dore o hasta que se cocine.
6. Retire el pollo con una espumadera y colóquelo en un plato forrado con papel de cocina.
7. Sirva caliente.

Recetas cajún

Condimento Cajún

Rinde aproximadamente 1 ½ tazas

Ingredientes:

- 6 cucharadas de pimentón
- 4 cucharadas de ajo en polvo
- 2 cucharadas de pimienta blanca molida
- 2 cucharadas de pimienta negra molida
- 2 cucharadas de orégano seco
- 2 cucharadas de cebolla en polvo
- 2 cucharadas de pimienta de cayena
- 4 cucharadas de sal kosher fina
- 1 cucharada de tomillo seco
- 1 cucharada de sal

Instrucciones:

1. Añada todos los ingredientes en una jarra y remueva hasta que estén bien incorporados.
2. Tape bien el tarro y guárdelo en un lugar fresco y seco.
3. Utilícelo según sus necesidades.

Mini perros calientes de coliflor cajún

Porciones: 12

Ingredientes:

- 24 mini salchichas con especias cajún
- ½ taza de harina de coco
- 3 cucharadas de aceite de coco o mantequilla derretida
- 1 cucharadita de mostaza molida
- Sal al gusto
- 1-2 jalapeños picados (opcional)
- 2 tazas de coliflor rallada hasta obtener una textura similar a la del arroz
- 4 huevos grandes, batidos
- ½ taza de queso rallado de su elección
- 1 cucharadita de bicarbonato de sodio mezclada con 2 cucharaditas de vinagre de sidra de manzana
- 2 cucharadas de salsa picante (opcional)
- ½ cucharadita de pimentón ahumado

- ¼ de cucharadita de chile en polvo

Para servir: Opcional:

- Salsa picante
- Mostaza

Instrucciones:

1. Añada la harina de coco, la mantequilla, la sal, los jalapeños, la coliflor, los huevos, el queso, la mezcla de bicarbonato, la salsa picante, el pimentón y el chile en polvo en un bol y mézclelos bien.
2. Divida la mezcla en 24 porciones. Coloque una porción en la palma de la mano y aplánela. Coloque una mini salchicha en el centro y junte los bordes para cubrir las salchichas por todos los lados. Colóquelas en una bandeja para hornear forrada con papel pergamino.
3. Hornee en un horno precalentado a 400° F durante unos 20-25 minutos hasta que la parte superior esté dorada y firme.

4. Retire del horno. Deje enfriar unos minutos. Corte en 2 si lo desea y sirva.
5. Sirva con mostaza y salsa picante si se desea.

Jambalaya cajún

Porciones: 10

Ingredientes:

- 6 cucharadas de aceite de oliva
- 2 tazas de cebolla roja picada
- 16 onzas de salchicha de pavo ahumada, picada en trozos
- 2 libras de pechuga de pollo, cortada en trozos
- 16 onzas de camarones jumbo crudos, pelados y desvenados
- 4 dientes de ajo, pelados y picados
- 2 pimientos verdes, cortados en cubos
- 2 tazas de tomates cherry cortados en cuartos
- 6 cucharadas de pasta de tomate
- 16 onzas de salsa de tomate
- 3 tazas de caldo de pollo bajo en sodio
- 4 tazas de arroz de coliflor
- 4 hojas de laurel
- 6 cucharadas de condimento cajún

- Sal al gusto
- 1 cebolla verde, cortada en rodajas finas, para decorar

Instrucciones:

1. Para preparar el arroz de coliflor, puede comprarlo en la tienda o hacerlo en casa. Para hacerlo en casa, puede rallar la coliflor hasta conseguir una textura similar a la del arroz. También puede poner los ramilletes de coliflor en el procesador de alimentos y pulsar hasta que tenga una textura similar a la del arroz.
2. Exprima la coliflor del exceso de humedad si desea.
3. Ponga una olla a fuego medio. Añada el aceite. Cuando esté caliente, añada el ajo y las cebollas y saltéelos hasta que estén ligeramente dorados.
4. Incorpore la salchicha y el pollo y cocine hasta que el pollo ya no esté rosado.
5. Incorpore el apio, el pimiento y los tomates. Cocine durante un minuto.
6. Añada el condimento cajún y la salsa de tomate. Cocine a fuego lento durante unos minutos.

7. Añada el arroz de coliflor y los camarones y cocine durante 3- 4 minutos.
8. Incorpore el caldo, la sal, la pimienta, el laurel y la pasta de tomate. Baje el fuego a bajo.
9. Tape y cocine durante 15 - 20 minutos o hasta que el pollo esté bien cocido. Apague el fuego.
10. Destape y deje reposar la jambalaya durante 10 -15 minutos.
11. Pruebe y ajuste los condimentos si es necesario.
12. Sirva en tazones. Espolvoree las cebollas verdes por encima y sirva.

Tacos de pollo cajún

Porciones: 4

Ingredientes:

- 2 paquetes de muslos de pollo (14,1 onzas cada uno), cortados en cubos
- Zumo de una lima
- 2 cucharadas de orégano fresco picado o 1 cucharadita de orégano seco
- 2 cucharadas de tomillo fresco picado o 1 cucharadita de tomillo seco
- 1 cucharadita de pimentón
- 4 cucharadas de ghee o mantequilla
- Sal al gusto
- Pimienta al gusto
- 1 cebolla roja mediana, finamente picada
- 4 dientes de ajo machacados
- ½ cucharadita de pimienta de cayena

- 4 onzas de nata fresca entera o leche de coco
- 4 cabezas pequeñas de lechuga, separe las hojas

Instrucciones:

1. Añada los muslos de pollo, el ajo, el tomillo, el orégano, el pimentón, la pimienta, la sal, el zumo de lima y la pimienta de cayena en un bol y mézclelos bien. Puede añadir el condimento cajún en lugar de estas especias.
2. Ponga una sartén grande a fuego medio. Añada el ghee. Cuando el ghee se derrita, añada las cebollas y saltéelas hasta que se doren.
3. Añada el pollo junto con la mezcla de especias y saltee hasta que el pollo esté bien cocido.
4. Incorpore la nata y cocine durante un par de minutos. Apague el fuego.
5. Coloque las hojas de lechuga en una fuente grande.
6. Reparta el pollo entre las hojas y sirva.

Sartén cajún de pollo, salchichas y verduras

Porciones: 8

Ingredientes:

- 2 cucharadas de aceite de oliva
- 16 onzas de salchicha Andouille, cortada en trozos medianos
- 2 pimientos verdes medianos, cortados en cubos
- 2 pimientos rojos medianos, cortados en cubos
- 2 tazas de cebollas rojas picadas
- 2 calabacines medianos, cortados en trozos pequeños
- 2 tallos de apio, cortados en rodajas
- 2 cucharaditas de tomillo
- 2 cucharaditas de pimienta roja (opcional)
- 2 pechugas de pollo sin piel, cortadas en cubos
- 1 cucharada de condimento cajún o más al gusto
- Sal al gusto
- Pimienta al gusto

Instrucciones:

1. Añada la salchicha y el pollo en un bol grande y mezcle bien.
2. Añada los pimientos, la cebolla, el calabacín y el apio en otro bol y mézclelos bien.
3. Vierta una cucharada de aceite en cada cuenco y mezcle bien. Espolvoree sal y pimienta en cada cuenco. Reparta el condimento cajún entre los cuencos y mezcle bien.
4. Ponga una sartén grande a fuego medio-alto. Transfiera la mezcla de pollo y salchichas a la sartén y cocine hasta que el pollo ya no esté rosado.
5. Retire con una espumadera y coloque en un bol.
6. Pase las verduras del bol a la sartén y cocínelas hasta que estén tiernas.
7. Vuelva a añadir el pollo y la salchicha a la sartén y mezcle bien.
8. Sirva caliente.

Pasta de pollo cajún

Porciones: 8

Ingredientes:

Para el pollo cajún:

- 4 cucharadas de mantequilla, divididas
- 4 cucharaditas de condimento cajún o al gusto, divididas
- 2 cucharaditas de ajo picado
- ½ taza de cebollas picadas
- 1 taza de caldo de pollo
- 1 taza de queso Monterey Jack rallado
- ½ taza de cilantro picado
- 2 libras de chuletas de pollo
- 1 taza de tomates picados
- ½ taza de vino blanco seco
- ½ taza de nata para montar
- 2 onzas de queso crema
- Sal al gusto

- Pimienta al gusto

Para la pasta fettuccine:

- 16 huevos
- ½ cucharadita de sal o al gusto
- ½ cucharadita de pimienta o al gusto
- 8 onzas de queso crema
- ½ cucharadita de ajo en polvo

Instrucciones:

1. Para el pollo cajún: Espolvoree 2 cucharaditas de condimento cajún por todo el pollo.
2. Ponga una sartén a fuego medio. Añada 2 cucharadas de mantequilla. Cuando la mantequilla se derrita, añada el pollo y cocínelo durante 2 minutos. De la vuelta a los lados y cocine durante otros 2 o 3 minutos o hasta que esté cocido por dentro.
3. Saque el pollo y colóquelo en un plato.
4. Añada 2 cucharadas de mantequilla. Cuando la mantequilla se derrita, añada el ajo y saltee hasta que esté aromático.

5. Incorpore los tomates y cocine durante un par de minutos. A continuación, añada el vino y cocine a fuego lento durante un par de minutos.
6. Añada las 2 cucharaditas de condimento cajún y el caldo y cueza a fuego lento durante 5 - 6 minutos.
7. Añada el queso crema, la nata y el queso y remueva constantemente hasta que espese.
8. Añada el cilantro y las cebolletas. Apague el fuego.
9. Para los fettuccine: Añada todos los ingredientes para el fettuccine en una batidora y bata hasta que esté suave. Deje reposar durante 5 minutos.
10. Engrase una bandeja de horno grande con borde con un poco de spray para cocinar. Coloque una hoja de papel pergamino sobre ella. Utilice 2 bandejas para hornear si es necesario.
11. Vierta la mezcla de huevos en la bandeja de hornear.
12. Hornee en un horno precalentado a 325° F durante unos 8 a 10 minutos o hasta que los huevos estén apenas cocidos.
13. Retire la bandeja del horno y déjela reposar durante 5 minutos.

14. Despegue la pasta de la bandeja de hornear. Corte en rodajas de 1/8 de pulgada de ancho.
15. Sirva el pollo con la salsa sobre la pasta.

Nuggets ceto de pollo cajún

Porciones: 8

Ingredientes:

- 4 pechugas de pollo, cortadas en tamaño nugget
- 2 - 6 tazas de leche de su elección
- 3 - 4 cucharadas de condimento cajún o más si es necesario
- 6 onzas de chicharrones de cerdo, molidos
- 6 huevos
- Pimienta de cayena al gusto (opcional)
- Pimentón al gusto (opcional)
- Aceite de canola o aceite vegetal, según sea necesario

Instrucciones:

1. Añada los huevos en un bol y bátalos bien. Añada un poco de leche y una cantidad generosa de condimento cajún. Mezcle bien.
2. Espolvoree pimentón, pimienta de cayena y un poco de condimento cajún sobre los nuggets.

3. Coloque el pollo en el bol de la mezcla de huevos. Los nuggets deben estar cubiertos de leche. Así que añada la leche correspondiente. Déjelo marinar durante 10 minutos.
4. Añada las cortezas de cerdo y una cantidad generosa de condimento cajún en una bolsa Ziploc. Saque sólo los nuggets de la leche y colóquelos en la bolsa Ziploc. Agite la bolsa para que los nuggets queden bien cubiertos con las cortezas de cerdo. Déjelo reposar durante 10 minutos.
5. Ponga una sartén a fuego medio. Añada suficiente aceite para cubrir el fondo de la sartén al menos 5 cm.
6. Cuando el aceite esté bien caliente pero no humeante, añada algunas piezas. Los nuggets deben estar cubiertos de aceite. No los llene demasiado. Baje el fuego y cocine hasta que se doren. Cuando estén hechos, flotarán en la parte superior.
7. Retire con una espumadera y coloque en un plato forrado con papel de cocina.
8. Debe freír el resto de los nuggets de forma similar.
9. También se puede cocer en el horno si no lo prefiere frito.

Hash de coliflor cajún

Porciones: 4

Ingredientes:

- 4 cucharadas de aceite de oliva o ghee
- 4 cucharadas de ajo picado
- 2 cucharaditas de condimento cajún o más al gusto + extra para decorar
- 1 pimiento verde, picado en trozos de ¼ de pulgada
- 1 cebolla picada en trozos de ¼ de pulgada
- 2 libras de coliflor congelada, cocida al vapor, cortada en trozos pequeños, exprimida del exceso de humedad
- 16 onzas de pastrami rojo raspado, cortado en rebanadas de 1 pulgada

Para servir:

- 4 huevos cocidos con la yema hacia arriba

Instrucciones:

1. Ponga una sartén a fuego medio. Añada el aceite. Cuando el aceite esté caliente, añada las cebollas y cocínelas hasta que estén translúcidas.
2. Añada el ajo y saltéelo durante un par de minutos hasta que esté fragante.
3. Añada la coliflor y saltee hasta que esté ligeramente dorada y crujiente.
4. Añada el condimento cajún.
5. Añada el pastrami y el pimiento verde. Caliente bien.
6. Pase a 4 cuencos para servir.
7. Cubra con los huevos. Espolvoree un poco más de condimento cajún por encima y sirva.

Arroz de coliflor cajún

Porciones: 8

Ingredientes:

- 2 pimientos verdes, cortados en cubos
- 4 cucharaditas de ajo picado
- 2 cebollas medianas, cortadas en cubos
- 24 onzas de salchicha Andouille, en rodajas
- 4 cucharadas de condimento cajún
- 8 tazas de arroz de coliflor congelado
- Sal al gusto
- Pimienta al gusto
- 2 cucharadas de aceite de aguacate o cualquier otro aceite
- Un puñado de perejil fresco, picado, para decorar

Instrucciones:

1. Ponga una sartén grande o un wok a fuego medio-alto.

2. Añada el aceite. Cuando el aceite esté caliente, añada el ajo, la cebolla y el pimiento y saltee hasta que estén ligeramente tiernos.
3. Remueva las salchichas y cocínelas hasta que se doren.
4. Incorpore los condimentos y el arroz de coliflor. Cuando el arroz esté bien calentado, apague el fuego.
5. Espolvoree perejil por encima y sirva.

Mahi mahi cajún ennegrecido

Porciones: 4

Ingredientes:

Para el aliño seco de especias cajún ennegrecidas:

- 2 cucharaditas de perejil seco
- 2 cucharaditas de tomillo seco
- 2 cucharaditas de orégano seco
- 1 cucharadita de pimienta de cayena
- 2 cucharaditas de pimentón ahumado
- 1 cucharadita de ajo en polvo
- 1 cucharadita de cebolla en polvo
- 1 cucharadita de pimienta en polvo
- 1 cucharadita de sal

Para el Mahi Mahi cajún ennegrecido:

- 4 filetes de pescado Mahi Mahi (6 onzas cada uno)
- 2 aguacates, pelados, sin hueso, en rodajas

- 2 cucharadas de aceite de coco
- Gajos de lima para servir

Instrucciones:

1. Para hacer el aliño seco de especias cajún ennegrecidas: Añada todos los ingredientes para el aliño de especias cajún en un bol amplio y poco profundo. Mezcle bien.
2. Cubra los filetes con el aliño de especias.
3. Ponga una sartén grande a fuego medio-alto. Añada aceite. Cuando el aceite haya calentado, coloque 2-3 filetes o tantos como puedan caber. Cocine el resto en tandas.
4. Cocine durante 3-4 minutos por cada lado o hasta que el pescado se desmenuce fácilmente al pincharlo con un tenedor.
5. Retire a un plato.
6. Coloque rodajas de aguacate encima. Sirva con trozos de lima.

Salmón ennegrecido con zoodles cajún

Porciones: 4

Ingredientes:

- 8 calabacines medianos, recortados
- 2 pimientos rojos, cortados en cubos finos
- 8 cucharadas de mantequilla o ghee, divididas
- 2 cucharaditas de sal o al gusto
- 4 dientes de ajo machacados
- 1 ½ libras de salmón salvaje
- 2 cucharadas de condimento cajún o al gusto
- Gajos de limón para servir

Instrucciones:

1. Haga fideos con el calabacín utilizando un espiralizador o un cortador en juliana de fideos.
2. Extienda los fideos sobre un paño de cocina. Condimente con una cucharadita de sal. Deje reposar durante 20 - 30 minutos.

Enjuague bien y coloque en un colador. Seque los fideos de calabacín con un paño de cocina seco.

3. Sazone un lado de los filetes con un poco de sal. Espolvoree una generosa cantidad de condimento cajún sobre los filetes.

4. De la vuelta a los lados y espolvoree con sal el otro lado. Espolvoree una generosa cantidad de condimento cajún sobre los filetes.

5. Ponga una sartén grande a fuego medio-alto. Añada 4 cucharadas de mantequilla. Cuando la mantequilla se derrita, coloque el salmón en la sartén y cocínelo durante 2 minutos. Dele la vuelta y cocine el otro lado durante 2 minutos o hasta que el pescado se desmenuce fácilmente al pincharlo con un tenedor. Cocine en tandas si es necesario.

6. Retire el pescado con una espumadera y colóquelo en un plato forrado con papel pergamino.

7. Añada el resto de la mantequilla en la sartén. Cuando la mantequilla se derrita, añada el pimiento y saltee durante un par de minutos.

8. Añada los fideos y el ajo y mezcle bien. Añada sal si es necesario y un poco más de condimento cajún.

9. Apague el fuego. Divida los fideos en platos individuales. Coloque el salmón encima. Sirva con trozos de limón.

Filetes de salmón cajún con salsa de camarones y crema

Porciones: 8

Ingredientes:

- 2 libras de filetes de salmón
- 2 cucharadas de aceite de oliva
- 1 taza de pimiento rojo, cortado en cubos
- 2 tazas de crema de leche
- 4 cucharadas de mantequilla
- ½ taza de echalotes picados
- 1 libra de camarones pequeñas
- 6 cucharadas de condimento cajún

Instrucciones:

1. Sazone el pescado por ambos lados con 2 cucharadas de condimento.

2. Ponga una sartén a fuego medio-alto. Añada el aceite. Cuando el aceite esté caliente, coloque el pescado en la sartén y cocínelo durante 2 - 3 minutos. Dele la vuelta y cocine el otro lado durante 2 - 3 minutos.
3. Retire el pescado con una espumadera y colóquelo en un plato.
4. Añada 2 cucharadas de mantequilla. Cuando la mantequilla se derrita, añada los echalotes y cocínelos hasta que estén ligeramente dorados.
5. Incorpore el pimiento rojo y revuelva durante un minuto.
6. Añada la nata, 3 cucharadas de condimento cajún y la sal y cocine durante un par de minutos.
7. Incorpore los camarones. Deje que se cocine a fuego lento. Apague el fuego.
8. Divida el pescado en los platos de servir. Coloque los camarones con la salsa sobre el pescado y sirva.

Recetas de gofres ceto

Gofres ceto

Porciones: 10

Ingredientes:

- 10 huevos, separados
- 8-10 cucharadas de stevia granulada o eritritol, o al gusto
- 2 - 4 cucharaditas de vainilla
- 9 onzas de mantequilla derretida
- 1/3 de taza de leche entera
- ½ taza de harina de coco
- 2 cucharaditas de polvo de hornear
- Ghee o mantequilla, para engrasar

Instrucciones:

1. Bata las claras de huevo con una batidora eléctrica de mano hasta que se formen picos firmes. Reservar.

2. Bata las yemas. Añada la harina de coco y la stevia y bata hasta que quede suave y sin grumos.
3. Rocíe la mantequilla derretida y bata hasta que esté suave.
4. Bata la leche y la vainilla hasta que la mezcla esté suave.
5. Añada las claras de huevo, un poco cada vez, y mezcle suavemente.
6. Enchufe la gofrera y deje que se precaliente a fuego medio-alto.
7. Engrase la gofrera con ghee. Vierta aproximadamente ¼ de taza de masa en la gofrera.
8. Cierre la tapa y cocine hasta que esté crujiente y dorado.
9. Saque el gofre y colóquelo en una bandeja de horno para mantenerlo caliente.
10. Repita los pasos 7 - 9 y haga los demás gofres.
11. Sirva con una cobertura de su elección como bayas, crema batida, etc. si lo desea.

Gofres de chocolate

Porciones: 10

Ingredientes:

- 10 huevos, separados
- 1,8 onzas de cacao sin azúcar
- 2 cucharaditas de polvo de hornear
- 6 cucharadas de leche entera o nata
- 7,7 onzas de mantequilla derretida
- 8 cucharadas de harina de coco
- 8 cucharadas de edulcorante granulado de su elección
- 4 cucharaditas de extracto de vainilla
- Mantequilla o ghee, para engrasar

Instrucciones:

1. Bata las claras con una batidora de mano hasta que se formen picos firmes.

2. Añada la harina de coco, el edulcorante, el cacao y la levadura en polvo al bol de las yemas. Bata bien.
3. Rocíe la mantequilla derretida y bata hasta que esté suave.
4. Bata la leche y la vainilla. Bata hasta que esté suave.
5. Añada las claras de huevo, poco a poco, y mezcle suavemente.
6. Enchufe la gofrera y deje que se precaliente a fuego medio-alto.
7. Engrase la gofrera con ghee. Vierta aproximadamente ¼ de taza de masa en la gofrera.
8. Cierre la tapa y cocine hasta que esté crujiente y dorado.
9. Saque el gofre y colóquelo en una bandeja de horno para mantenerlo caliente.
10. Repita los pasos 7 - 9 y haga los demás gofres.
11. Sirva con los aderezos que desee, como bayas, nata montada, sirope de chocolate sin azúcar, etc.

Gofres proteicos de chocolate y avellanas

Porciones: 12 gofres gruesos o 16 gofres más finos

Ingredientes:

- 2 tazas de harina de avellana
- ¼ de taza de cacao en polvo
- 1 taza de proteína de chocolate en polvo
- ¼ de taza de harina de coco
- 8 huevos grandes
- 6 cucharadas de aceite de avellana
- 6 cucharadas de edulcorante swerve o eritritol granulado
- ½ cucharadita de extracto de stevia
- 2/3 de taza de yogur griego con grasa
- Un poco de ghee derretido para engrasar

Instrucciones:

1. Añada la harina de avellana, el cacao, la proteína en polvo, la harina de coco y el swerve en un bol grande y mezcle bien.

2. Añada los huevos, el yogur, el aceite de avellana, el extracto de avellana y la stevia y bata hasta que esté suave y sin grumos.
3. Enchufe la gofrera y deje que se precaliente a fuego medio-alto.
4. Engrase la gofrera con ghee. Vierta aproximadamente ¼ de taza de masa en la gofrera.
5. Cierre la tapa y cocine hasta que esté crujiente y dorado.
6. Saque el gofre y colóquelo en una bandeja de horno para mantenerlo caliente.
7. Repita los pasos 4 - 6 y haga los gofres restantes.
8. Sirva con los aderezos de su elección, como avellanas picadas, nata montada, jarabe sin azúcar, etc., si se desea.

Gofres de chispas de chocolate

Porciones: 4

Ingredientes:

- 4 cucharadas de proteína de vainilla en polvo cetogénica, sin azúcar
- 4 cucharadas de mantequilla derretida
- 3,5 onzas de chips de chocolate sin azúcar o pedacitos de cacao
- 4 huevos grandes, separados
- ¼ de cucharadita de sal rosa del Himalaya
- 1 taza de sirope de arce sin azúcar
- Mantequilla para servir
- Ghee, para engrasar

Instrucciones:

1. Bata las claras con una batidora de mano hasta que se formen picos firmes.

2. Añada la proteína en polvo, la mantequilla y las yemas en un bol y remueva hasta que estén bien combinadas.
3. Añada las claras y mezcle suavemente. Incorpore los trozos de cacao y la sal.
4. Enchufe la gofrera y deje que se precaliente a fuego medio-alto.
5. Engrase la gofrera con ghee. Vierta aproximadamente ¼ de taza de masa en la gofrera.
6. Cierre la tapa y cocine hasta que esté crujiente y dorado.
7. Saque el gofre y colóquelo en una bandeja de horno para mantenerlo caliente.
8. Repita los pasos 5 - 7 y haga los demás gofres.
9. Cubra con sirope de arce sin azúcar y un poco de mantequilla y sirva.

Gofre de tarta de fresa

Porciones: 2

Ingredientes:

- 2 huevos
- 2 cucharaditas de harina de coco
- 1 cucharadita de extracto de masa de pastel
- 2 cucharadas de nata para montar
- 4 cucharadas de swerve o eritritol
- ½ cucharadita de levadura en polvo
- Mantequilla o ghee, para engrasar

Para servir:

- Nata montada
- Rodajas de fresa
- Dulces Swerve

Instrucciones:

1. Enchufe la gofrera y deje que se precaliente a fuego medio-alto.
2. Añada los huevos en un bol y bátalos con un tenedor.
3. Añada el resto de los ingredientes y remueva hasta que estén bien combinados.
4. Engrase la gofrera con ghee. Vierta la mitad de la masa en la gofrera.
5. Cierre la tapa y cocine hasta que esté crujiente y dorado.
6. Saque el gofre y colóquelo en una bandeja de horno para mantenerlo caliente.
7. Repita los pasos 4-6 para hacer el resto de los gofres.
8. Espolvoree un poco de swerve. Esparza las fresas por encima y sirva con nata montada.

Gofre de calabaza ceto-vegano

Porciones: 2

Ingredientes:

- 2 cucharadas de crema de coco
- 12 cucharadas de harina de almendra
- 4 cucharadas de puré de calabaza
- 2 huevos de linaza (2 cucharadas de semillas de linaza mezcladas con 5 cucharadas de agua y dejadas reposar durante 10 - 12 minutos)
- ½ cucharadita de goma xantana
- 4 cucharadas de Sukrin Gold
- 2 cucharaditas de especias para pastel de calabaza
- Aceite, para engrasar

Instrucciones:

1. Enchufe la gofrera y deje que se precaliente a fuego medio-alto.

2. Añada todos los ingredientes en un bol y bátalos hasta conseguir una masa espesa.
3. Engrase la gofrera con aceite. Vierta la mitad de la masa en la gofrera.
4. Cierre la tapa y cocine hasta que esté crujiente y dorado.
5. Saque el gofre y colóquelo en una bandeja de horno para mantenerlo caliente.
6. Repita los pasos 3-5 para hacer el resto de los gofres.

Gofres de coliflor con croquetas de papa

Porciones: 6

Ingredientes:

- 2 cabezas medianas de coliflor, ralladas
- 2 manojos grandes de cebolletas, picadas finamente
- 4 cucharadas de aceite de oliva + extra para engrasar
- Sal al gusto
- Pimienta al gusto
- 4 huevos
- 16 onzas de jamón en cubos
- 5-6 cucharadas de queso cheddar rallado, (opcional)
- Un puñado de hierbas frescas de su elección, picadas para decorar
- Aceite, para engrasar

Instrucciones:

1. Añada la coliflor, las cebolletas, el aceite, la sal, la pimienta, los huevos, el jamón y el queso, si se utiliza, en un bol y mezcle bien.
2. Engrase una gofrera generosamente con aceite y deje que se precaliente a fuego medio-alto.
3. Vierta aproximadamente ¼ de taza de masa en la gofrera.
4. Cierre la tapa y cocine hasta que esté crujiente y dorado.
5. Saque el gofre y colóquelo en una bandeja de horno para mantenerlo caliente.
6. Repita los pasos 5 - 7 y haga los demás gofres.
7. Adorne con hierbas y sirva con crema agria o yogur de leche de coco o cualquier otro aderezo apto para la dieta ceto si lo desea.

Gofres de queso y jamón

Porciones: 4

Ingredientes:

- 8 huevos grandes
- 2 cucharaditas de polvo de hornear
- 1 cucharadita de sal marina
- 2 onzas de queso cheddar, rallado finamente
- Un puñado de albahaca fresca, finamente picada
- 4 cucharadas de proteína de suero de leche en polvo sin sabor
- 12 cucharadas de mantequilla derretida
- ½ cucharadita de pimentón
- 2 onzas de filete de jamón, finamente picado
- Ghee o mantequilla, para engrasar

Instrucciones:

1. Separe los 4 huevos en yemas y claras en 2 boles.

2. Añada la levadura en polvo, la sal marina, la proteína en polvo y la mantequilla derretida en el bol de las yemas. Bata hasta que estén bien incorporadas.
3. Añada el queso rallado y el jamón picado. Mezcle suavemente.
4. Añada una pizca de sal al bol de las claras de huevo y bata con la ayuda de una batidora eléctrica de mano hasta que se formen picos firmes.
5. Mezcle la mitad de la mezcla de las claras con la mezcla de las yemas y mezclar bien. No se pase de la raya cuando incorpore las claras.
6. Una vez que las yemas se hayan aireado lo suficiente, añada el resto de las claras y mezcle suavemente.
7. Enchufe la gofrera y deje que se precaliente a fuego medio.
8. Engrase la gofrera con ghee. Vierta aproximadamente ¼ de taza de masa en la gofrera.
9. Cierre la tapa y cocine hasta que esté crujiente y dorado.
10. Repita los pasos 7 - 9 y haga los demás gofres.
11. Mientras se cocinan los gofres, cocine 4 de los huevos, con el lado de la yema hacia arriba.

12. Coloque un huevo encima de cada gofre. Espolvoree un poco de pimentón y albahaca picada sobre el huevo.

13. Sirva caliente.

Gofre de quimbombó y queso

Porciones: 4

Ingredientes:

- 2 huevos
- 4 cucharadas de crema de leche
- 1 cucharadita de cebolla en polvo
- 8 cucharadas de harina de almendra
- 2 cucharadas de mayonesa ceto
- 1 cucharada de condimento criollo
- 2 tazas de quimbombó en rodajas, descongelado si está congelado
- ½ taza de queso mozzarella rallado o más si es necesario
- Sal al gusto
- Pimienta al gusto
- Ghee o mantequilla, para engrasar

Instrucciones:

1. Añada los huevos, la nata, la mayonesa, la sal, la pimienta y el condimento criollo en un bol y bata bien.
2. Añada la harina de almendra. Remueva hasta que esté bien combinada.
3. Incorpore el quimbombó. Deje reposar la masa durante 10 minutos.
4. Enchufe la gofrera y deje que se precaliente a fuego medio.
5. Engrase la gofrera con ghee.
6. Espolvoree un poco de mozzarella en el fondo del aparato.
7. Vierta ¼ de la masa en la gofrera. Ciérrela. Cocine hasta que se dore.
8. Saque el gofre cuando esté cocido y apártelo en un plato. Deje reposar un par de minutos.
9. Repita los pasos 5 - 7 y haga los demás gofres.
10. Espolvoree un poco de sal por encima y sirva.

Gofre de pollo a la búfala

Porciones: 2

Ingredientes:

- 10 onzas de pollo enlatado o cocido
- 10 cucharadas de queso cheddar rallado
- 2 huevos
- 4 cucharadas de salsa búfalo
- 4 onzas de queso crema, ablandado
- Ghee o mantequilla, para engrasar

Instrucciones:

1. Bata los huevos con un tenedor. Incorpore el queso cheddar, el pollo, el queso crema, el búfalo y la salsa.
2. Enchufe la gofrera y deje que se precaliente a fuego medio.
3. Engrase la gofrera con ghee.
4. Esparza un poco de queso mozzarella en el fondo de la gofrera.

5. Vierta la mitad de la masa en la gofrera. Esparza un poco de queso mozzarella sobre la masa. Cierre el aparato. Cocine hasta que estén crujientes.
6. Repita los pasos 3 - 5 para hacer el resto de los gofres.

Gofre ceto de mantequilla de maní

Porciones: 4

Ingredientes:

Para los gofres:

- 2 cucharadas de crema de leche
- 2 cucharadas de edulcorante dorado lakanto eritritol o swerve
- 1 cucharadita de extracto de vainilla
- 2 huevos
- 2 cucharaditas de harina de coco
- 2 cucharadas de cacao sin azúcar
- 1 cucharadita de polvo de hornear
- 1 cucharadita de extracto de sabor a masa de pastel
- Ghee o mantequilla, para engrasar

Para la cobertura:

- 6 cucharadas de mantequilla de cacahuete natural
- 4 cucharadas de crema de leche

- 4 cucharaditas de edulcorante en polvo lakanto

Instrucciones:

1. Enchufe la gofrera y deje que se precaliente a fuego medio.
2. Bata los huevos con un tenedor. Añada el resto de los ingredientes y bata bien. Deje reposar la masa de 3 a 4 minutos.
3. Engrase la gofrera con un poco de mantequilla o ghee. Vierta ¼ de la masa en la gofrera. Ciérrela y cocine hasta que estén crujientes.
4. Retire el gofre y apártelo en un plato. Deje reposar un par de minutos.
5. Repita los pasos 3 - 5 y haga los demás gofres.
6. Para hacer la cobertura de mantequilla de cacahuete: Añada la mantequilla de cacahuete, la nata y el edulcorante en un bol y bata bien.
7. Unte la preparación de mantequilla de cacahuete sobre los gofres y sirva.

Sémola y galletas

Desayuno con sémola

Porciones: 6

Ingredientes:

- 24 onzas de coliflor, cortada en ramilletes
- 1 taza de nata para montar
- ½ cucharadita de pimienta o al gusto
- ½ cucharadita de sal o al gusto
- 1 taza de queso cheddar afilado rallado
- 4 cucharadas de mantequilla sin sal
- 2 cebollas verdes, cortadas en rodajas

Para las coberturas: Opcional, utilice cualquiera

- Rodajas de tocino cocido, desmenuzado
- Queso feta desmenuzado
- Huevos fritos o escalfados
- Chorizo, cocido hasta que esté crujiente

Instrucciones:

1. Coloque los ramilletes de coliflor en el bol del procesador de alimentos y procese hasta que tengan una textura similar a la del arroz.
2. Ponga una olla grande a fuego alto. Añada la coliflor y cocine hasta que esté ligeramente blanda.
3. Incorpore la nata y la mantequilla. Sazone con sal y pimienta. Deje que se cocine durante unos 4 minutos. Apague el fuego.
4. Licúe un poco de la coliflor con una batidora de inmersión hasta que quede ligeramente suave.
5. Sirva en tazones. Adorne con cebollas verdes y queso cheddar y sirva.

Sémola de queso ceto

Porciones: 8

Ingredientes:

- 2 tazas de harina de almendra superfina
- 1 cucharadita de sal o al gusto
- 2 tazas de agua
- 1 taza de queso cheddar afilado rallado

Instrucciones:

1. Añada la harina de almendra, la sal y el agua en un cazo y póngalo a fuego medio.
2. Remueva constantemente hasta que espese.
3. Apague el fuego. Añada el queso y remueva hasta que se derrita.
4. Sirva en cuencos caliente.

Reconfortantes sémolas de maíz

Porciones: 4

Ingredientes:

- 4 tazas de arroz de coliflor (coliflor rallada hasta obtener una textura similar a la del arroz)
- 1 cucharadita de sal
- ½ taza de corazones de cáñamo
- 4 onzas de queso cheddar rallado
- 2 tazas de leche sin azúcar de su elección o más
- ½ cucharadita de ajo en polvo
- ½ cucharadita de pimienta
- 4 cucharadas de mantequilla
- ½ taza de crema de leche

Instrucciones:

1. Ponga una sartén de hierro fundido a fuego medio-bajo. Añada la mantequilla. Cuando se derrita, añada la coliflor y los corazones de cáñamo y saltee durante un par de minutos.
2. Añada la leche, la nata, la sal, la pimienta y el ajo en polvo. Cocine hasta que espese y la coliflor esté blanda. Añada más leche si es necesario. También se puede añadir agua.
3. Apague el fuego. Añada el queso cheddar y remueva. Pruebe y ajuste la sazón si es necesario.
4. Sirva en cuencos y en caliente.

"Sémola" de coliflor y camarones ceto

Porciones: 8

Ingredientes:

- 2 coliflores medianas, ralladas hasta obtener una textura similar a la del arroz
- ½ taza de agua
- 2 libras de camarones crudos, pelados y desvenados, desechando las colas
- Sal al gusto
- Pimienta al gusto
- 4 cucharadas de aceite de oliva, divididas
- 4 tazas de queso cheddar rallado
- 4 cucharaditas de condimento cajún o al gusto
- 2 cucharadas de perejil o cilantro picado o cebollas

Instrucciones:

1. Ponga una olla grande a fuego medio. Añada 2 cucharadas de aceite. Cuando el aceite esté caliente, añada la coliflor y el agua y cocine hasta que la coliflor esté tierna. Remueva a menudo.
2. Añada el queso, la sal y la pimienta y mezcle bien. Apague el fuego.
3. Espolvoree el condimento cajún, la sal y la pimienta sobre los camarones. Mezcle bien.
4. Ponga una sartén grande a fuego medio. Añada 2 cucharadas de aceite. Cuando el aceite esté caliente, añada los camarones y cocínelas durante 2 - 3 minutos. Dele la vuelta y cocine el otro lado durante 2 - 3 minutos.
5. Vierta la sémola en los cuencos. Cubra con los camarones. Espolvoree perejil por encima y sirva.

Bizcocho de desayuno con harina de coco

Porciones: 4

Ingredientes:

- 4 cucharadas de harina de coco
- ¼ de cucharadita de sal marina
- 4 cucharaditas de ghee o mantequilla sin sal, fría
- ½ taza de harina de linaza
- 2 cucharaditas de polvo de hornear
- 4 huevos grandes, batidos

Instrucciones:

1. Añada la harina de coco, la sal, la harina de linaza y la levadura en polvo en un bol y remueva.
2. Añada el ghee y mezcle bien hasta que se desmenuce. Añada el huevo y mezcle bien.
3. Engrase 4 cuencos pequeños aptos para el horno y reparta la masa en ellos.

4. Hornee en un horno precalentado a 350° F durante 15 minutos o cocine en el microondas a temperatura alta durante unos 55 a 60 segundos.
5. Retire del horno o del microondas y coloque en una rejilla para que se enfríe.

Galletas ceto

Porciones: 4 – 5

Ingredientes:

- ¾ de taza de harina de almendra superfina
- ½ cucharada de levadura en polvo
- ¼ de cucharadita de cebolla en polvo
- ¼ de cucharadita de ajo en polvo
- 1/8 cucharadita de sal
- 1 huevo grande
- 8 cucharadas de mantequilla derretida
- ¼ de taza de crema agria
- ¼ de taza de queso cheddar rallado

Instrucciones:

1. Engrase un molde para magdalenas de 6 unidades con un poco de aceite o mantequilla.

2. Añada la harina de almendras, la levadura en polvo, la cebolla en polvo, el ajo en polvo y la sal en un bol y remueva bien.
3. Añada los huevos, la mantequilla y la crema agria en un bol y bata hasta que estén bien incorporados.
4. Pase al bol de la harina de almendras.
5. Añada el queso y remueva.
6. Divida la masa en el molde preparado.
7. Hornee en un horno precalentado a 450° F durante 10 - 15 minutos o hasta que al insertar un palillo en el centro de las galletas éste salga limpio y la parte superior esté dorada.
8. Saque del horno y deje enfriar unos minutos.
9. Sirva caliente.

Panecillos de desayuno rellenos

Porciones: 12

Ingredientes:

- 4 onzas de queso crema
- 4 huevos batidos
- Sal al gusto
- Pimienta al gusto
- 12 hamburguesas de salchicha de cerdo
- 4 tazas de queso mozzarella rallado + extra para cubrir
- 2 tazas de harina de almendra
- 4 onzas de queso Colby Jack en cubos finos o cualquier otra variedad de queso

Instrucciones:

1. Añada el queso crema y el queso mozzarella en un bol apto para microondas. Caliente en el microondas a potencia alta durante 1-2 minutos o hasta que el queso se derrita y la mezcla esté bien

incorporada. Remueva bien cada 30 segundos hasta que la mezcla se derrita y esté suave.

2. Añada los huevos en un bol y bata bien. Añada la harina de almendra y mezcle bien.
3. Incorpore la mezcla de queso y mezcle hasta que esté bien incorporada. La masa puede ser pegajosa.
4. Espolvoree un poco más de harina de almendras sobre la masa y forme una bola. Envuélvala en papel engrasado y enfríela durante 30-40 minutos.
5. Engrase un molde para magdalenas de 12 unidades con spray de cocina.
6. Divida la masa en 12 porciones iguales y forme bolas.
7. Tome una bola de masa y colóquela en la palma de la mano. Aplane la masa.
8. Coloque una hamburguesa de salchicha en el centro de la masa y junte los bordes para encerrar la hamburguesa.
9. Coloque en el molde para magdalenas.
10. Repita los pasos 7-9 y haga los panecillos restantes.

11. Hornee en un horno precalentado a 350° F durante 20-25 minutos o hasta que se dore. Espolvoree un poco más de mozzarella por encima y sirva.

Biscochos esponjosos al estilo sureño

Porciones: 10

Ingredientes:

- ½ taza de harina de coco
- 1 ½ tazas de harina de almendra
- 2 cucharaditas de polvo de hornear
- ½ taza de leche de almendras
- 10 claras de huevo
- ½ cucharadita de sal marina
- 4 cucharadas de mantequilla o ghee + extra para pincelar los bizcochos

Instrucciones:

1. Añada la harina de coco, la harina de almendras, la levadura en polvo y la sal en un bol y remueva bien.
2. Añada la leche de almendras y la mantequilla y remueva hasta que se formen migas gruesas.

3. Ponga la batidora eléctrica a velocidad alta y bata hasta que se formen picos suaves.
4. Vierta en el bol de los ingredientes secos. Ponga la batidora de mano a baja potencia y mezcle hasta que estén bien incorporados.
5. Deje reposar durante 5 minutos. Si la masa está líquida, añada harina de coco, un poco a la vez y mezcle bien cada vez. Cuando la masa esté lista, debe ser espesa.
6. Divida la masa en 10 porciones iguales y colóquelas en una bandeja de horno forrada con papel pergamino. Deje un poco de espacio entre los biscochos.
7. Hornee en un horno precalentado a 350° F durante 20 minutos o hasta que se dore. Pincele con un poco de mantequilla a mitad del horneado.

Galletas y salsa sureñas

Porciones: 5

Ingredientes:

Para las galletas:

- 1 ½ tazas de harina de almendra finamente molida
- 1/8 de cucharadita de goma xantana
- 1/8 cucharadita de sal
- 1 huevo
- ½ cucharada de levadura en polvo
- ¼ de cucharadita de ajo en polvo
- 3 cucharadas de mantequilla, ablandada

Para la salsa:

- ½ libra de salchicha de cerdo molida
- 1 onza de queso crema picado
- ¼ de taza de caldo de pollo
- ¼ de cucharadita de pimienta

- 1 cucharada de mantequilla
- ¼ de taza de nata para montar
- 1/8 de cucharadita de goma xantana
- Sal al gusto

Instrucciones:

1. Añada la harina de almendras, la goma xantana, la sal, la levadura en polvo y el ajo en polvo en un cuenco y remueva.
2. Añada la mantequilla y los huevos y mezcle hasta que estén bien incorporados.
3. Divida la masa en 5 porciones iguales y forme bolas. Aplaste las bolas y colóquelas en una bandeja para hornear forrada con papel pergamino.
4. Hornee en un horno precalentado a 400° F durante 12 a 14 minutos o hasta que comiencen a dorarse. Deje enfriar completamente en el horno.
5. Para hacer la salsa: Ponga una sartén a fuego medio. Añada la salchicha y cocínela hasta que deje de estar rosa. Rómpala simultáneamente mientras se cocina.

6. Incorpore la mantequilla y el queso crema y cocine hasta que el queso crema se derrita por completo.
7. Añada el caldo y la nata y remueva. Espolvoree la goma xantana y remueva. Añada la pimienta y remueva. Cuando empiece a burbujear, retire del fuego. Siga removiendo hasta que espese.
8. Para servir: Coloque las galletas en platos individuales. Ponga un poco de salsa por encima y sirva.

Recetas sureñas

Salsa ceto sureña

Porciones: 8

Ingredientes:

- 8 onzas de salchicha de cerdo
- 2 tazas de crema de leche
- Sal al gusto
- Pimienta al gusto
- 4 cucharadas de mantequilla
- 1 cucharadita de goma guar

Instrucciones:

1. Ponga una sartén a fuego medio. Añada las salchichas y cocínelas hasta que se doren por todas partes. Retire con una espumadera y coloque en un bol.
2. Añada la mantequilla en la sartén. Cuando la mantequilla se derrita, añada la nata.

3. Baje el fuego y deje que la mezcla rompa a hervir.
4. Incorpore la goma guar. Remueva constantemente hasta que espese.
5. Añada la salchicha dorada y mezcle bien.
6. Apague el fuego y sirva caliente.

Gumbo de pollo y camarones con salchichas

Porciones: 4

Ingredientes:

- 1 ½ cucharadas de aceite de oliva virgen extra
- 2 dientes de ajo, pelados y picados
- ½ pimiento verde picado
- ½ cucharadita de sal marina
- Pimienta de Cayena al gusto
- 1 lata (14 onzas) de tomates triturados
- 1 cucharada de mantequilla
- 1 libra de muslos de pollo deshuesados, cortados en cubos
- 1 cebolla pequeña, cortada en rodajas
- 2 tallos pequeños de apio, picados
- ½ cucharadita de condimento cajún
- ½ cucharada de polvo de lima para gumbo
- 1 taza de caldo de carne
- ½ libra de camarones, pelados y desvenados

- 6 onzas de salchicha Andouille, cortada en rodajas finas

Instrucciones:

1. Ponga una olla de hierro fundido a fuego medio-alto. Añada el aceite. Cuando el aceite esté caliente, añada el pollo y el ajo y cocine hasta que el pollo esté dorado.
2. Añada el pimiento, la cebolla y el apio y remueva. Cocine hasta que estén ligeramente blandos.
3. Incorpore el caldo y los tomates.
4. Baje el fuego a medio y cocine a fuego lento durante 3 - 4 minutos.
5. Incorpore la mantequilla y las salchichas. Baje el fuego a medio-bajo y cocine durante 15 minutos.
6. Añada el polvo de lima para gumbo y cocine a fuego lento durante 2 minutos.
7. Incorpore los camarones y cueza a fuego lento durante 3 minutos.
8. Sirva en cuencos. Rocíe un poco de salsa picante por encima y sirva.

Huevos endiablados de cangrejo

Porciones: 6

Ingredientes:

- 6 huevos duros, pelados y cortados por la mitad a lo largo
- ¼ de taza de mayonesa ceto
- ½ cucharada de apio finamente picado
- 1 cebolla de verdeo pequeña, finamente picada
- ½ cucharada de pimiento verde finamente picado
- ½ cucharadita de perejil fresco picado + extra para decorar
- Pimienta al gusto
- Sal al gusto
- ¼ de cucharadita de salsa de pimienta picante
- ½ lata (de una lata de 6 onzas) de carne de cangrejo, escurrida, desmenuzada, desechando el cartílago
- 1 cucharadita de mostaza de Dijon
- ¼ de cucharadita de salsa Worcestershire

Instrucciones:

1. Saque las yemas y póngalas en un bol. Reserve las claras.
2. Triture las yemas y añada el resto de los ingredientes. Mezcle bien.
3. Rellene las claras con esta mezcla.
4. Tape y deje enfriar hasta su uso.
5. Adorne con perejil y sirva.

Hervido de marisco del sur

Porciones: 4

Ingredientes:

- 2 galones de agua
- 1 cebolla, cortada en cuartos
- 1 ½ cucharadas de sal
- 3 hojas de laurel
- 1 limón partido por la mitad
- 1 ½ cucharadas de pimentón o al gusto
- 1 cucharada de pimienta de Jamaica molida
- ½ cucharada de chile en polvo
- ½ cucharada de cebolla en polvo
- ½ cucharada de mostaza seca
- ½ cucharada de tomillo seco
- 1 ¼ cucharaditas de pimienta en grano
- 1 ½ cucharadas de sal o al gusto
- 2 cucharaditas de cilantro molido

- ½ cucharada de chile en polvo
- ½ cucharada de ajo en polvo
- ½ cucharada de mejorana seca
- ½ cucharada de estragón seco
- ½ cucharada de romero seco
- ½ cucharadita de comino molido
- 1 libra de salchicha italiana, cortada en tercios
- 1 ¼ libras de filetes de bacalao
- ¾ de libra de camarones grandes crudos, con cáscara
- ¾ de libra de mejillones
- 1 ¾ libras de patas de cangrejo

Instrucciones:

1. Vierta agua en una olla grande. Ponga la olla a fuego alto.
2. Cuando empiece a hervir, añada todas las hierbas, las especias, la cebolla, el limón y la sal. Baje el fuego y deje que se cocine a fuego lento.
3. Ponga una sartén a fuego medio. Añada la salchicha y cocínela hasta que se dore por todos lados.

4. Retire la salchicha con una espumadera y colóquela en un bol. Deseche la grasa extra de la sartén.
5. Añada los mejillones en la sartén. Añada también ½ taza del agua especiada hirviendo a fuego lento y remueva.
6. Tape y cocine durante 5 minutos. Si algún mejillón no se abre, deséchelo. Apague el fuego.
7. Pase a la olla. Añada el bacalao y la salchicha y remueva.
8. Déjelo cocer a fuego lento durante 5 minutos.
9. Incorpore las patas de cangrejo y los mejillones. Deje que se cocine a fuego lento durante 5 minutos.
10. Añada los camarones y cocine a fuego lento hasta que se pongan rosados. Apague el fuego.
11. Pase el contenido de la olla a un colador para escurrirlo. Añada el contenido del escurridor a una fuente de servir.
12. Sirva.

Asado de Mississippi ceto

Porciones: 4

Ingredientes:

- 1,9 libras de asado de ternera
- ½ cucharada de perejil seco
- ½ cucharada de ajo en polvo
- ½ cucharada de eneldo seco
- ½ cucharada de cebollino seco
- ½ cucharada de cebolla en polvo
- 1/8 cucharadita de pimienta
- ¼ de cucharadita de sal
- 1 cucharada de caldo mejor que el caldo
- ½ tarro (de un tarro de 16 onzas) de pepperoncini en rodajas escurridos pero conservando aproximadamente ½ taza de salmuera
- ¼ de taza de mantequilla picada

Instrucciones:

1. Coloque el asado de ternera en una bandeja de asar.
2. Esparza los pepperoncini por encima del asado. Vierta la salmuera retenida alrededor.
3. Mezcle todas las especias, la sal y las hierbas en un bol. Espolvoree esta mezcla por encima del asado. También coloque la pasta de caldo.
4. Coloque trozos de mantequilla por todo el asado.
5. Cubra la sartén firmemente con papel de aluminio. Cuando hornee, va así: Una hora de cocción por cada libra de la carne.
6. Hornear en un horno precalentado a 300° F durante unas 2 horas o hasta que se pueda desmenuzar fácilmente con un tenedor.
7. También se puede hacer en una olla de cocción lenta durante 5 - 6 horas a fuego alto.
8. Desmenuzar la carne con un par de tenedores.
9. Sirva caliente.

Sopa de cangrejo cremosa ceto

Porciones: 4 – 5

Ingredientes:

- 1 ½ cucharadas de mantequilla
- 1 onza de queso crema
- 8 onzas de mitad y mitad
- 1 cucharadita de condimento para mariscos Old Bay
- ½ cucharada de cebollino picado
- 1 ½ cucharadas de harina de almendra
- 1 taza de nata para montar
- 7,5 onzas de cangrejo en conserva o ½ libra de cangrejo
- ¼ de cucharadita de condimento criollo ceto o más al gusto (opcional)
- Queso parmesano rallado, para servir (opcional)

Instrucciones:

1. Ponga una olla a fuego medio-bajo. Añada la mantequilla. Cuando la mantequilla se derrita, añada la harina de almendras y el queso crema y remueva hasta que estén bien combinados.
2. Añada la nata para montar y la mitad y mitad, luego bata hasta que esté bien combinada.
3. Añada el resto de los ingredientes y remueva. Baje el fuego a medio-bajo y caliente bien.
4. Sirva en platos de sopa. Decore con queso parmesano y sirva.

Tarta sureña de tomate de verano

Porciones: 12

Ingredientes:

Para la corteza:

- 1 ½ tazas de harina de almendra
- 2 huevos
- 4 cucharadas de mantequilla o aceite de coco
- 2/3 de taza de fibra de avena
- ½ cucharadita de sal
- 2 huevos

Para el relleno:

- 10 tomates grandes, cortados en rodajas
- 1 taza de mayonesa ceto
- 2/3 de taza de cebollas rojas cortadas en rodajas finas
- 2 tazas de queso rallado
- ½ cucharadita de orégano seco, o más si es necesario

- ½ cucharadita de albahaca seca, o más si es necesario

Instrucciones:

1. Añada todos los ingredientes de la corteza en un bol y mézclelos bien.
2. Divida la masa en 2 moldes para tartas (de 9 pulgadas cada uno). Extiéndala en el fondo y en los lados del molde. Presione bien.
3. Hornee en un horno precalentado a 350° F durante 12 a 14 minutos o hasta que comiencen a dorarse. Retire del horno y deje enfriar.
4. Coloque las rodajas de tomate sobre las cortezas. Haga una o dos capas con los tomates. Utilice todos los tomates para hacer capas de las cortezas.
5. Ponga una capa de rodajas de cebolla.
6. Añada la mayonesa y el queso en otro bol y remueva. Extienda la mezcla sobre la capa de cebolla. Las cebollas y los tomates no deben ser visibles.
7. Espolvoree el orégano y la albahaca por encima.

8. Hornee en un horno precalentado a 350° F durante unos 30 minutos o hasta que se dore la parte superior.
9. Retire del horno y deje reposar durante 10 minutos.
10. Corte en trozos y sirva.

Hervido de camarones cajún

Porciones: 8

Ingredientes:

- 2 libras de camarones grandes, pelados y desvenados
- 4 calabacines medianos, cortados en rodajas
- 28 onzas de salchicha Andouille, en rodajas
- 4 calabazas amarillas medianas, cortadas en rodajas
- 4 cucharadas de aceite de oliva
- Sal al gusto
- 4 cucharadas de condimento cajún
- Pimienta al gusto

Instrucciones:

1. Coloque todas las verduras, las salchichas y los camarones en una sartén.
2. Espolvoree el condimento, la sal y la pimienta y mezcle bien.

3. Rocíe con aceite y mezcle hasta que esté bien cubierto. Extiéndalo uniformemente.
4. Hornee en un horno precalentado a 350° F durante unos 15 a 20 minutos o hasta que los camarones se vuelvan rosados.
5. Remueva y sirva.

Camarones y sémola al estilo del sur

Porciones: 4

Ingredientes:

Para la sémola:

- ½ taza de agua
- 6 cucharadas de harina de almendra blanqueada
- ¼ de cucharadita de sal
- Pimienta al gusto
- ¼ de taza de queso cheddar (opcional)
- 2 cucharadas de mantequilla sin sal
- 2 cucharadas de harina de coco
- ¼ de cucharadita de ajo en polvo
- 1 ½ tazas de arroz de coliflor cocido
- 2 onzas de queso crema

Para los camarones y la salsa:

- 1 cucharada de aceite de aguacate

- 1 cebolla blanca pequeña, cortada en cubos
- 2 cucharaditas de ajo picado
- 1 cucharada de zumo de limón
- ½ pimiento verde, cortado en cubos
- ½ cucharadita de orégano seco
- ½ cucharadita de pimentón ahumado
- 1 cucharadita de condimento Old Bay
- 1 libra de camarones grandes, pelados y desvenados, descongelar y escurrir si están congelados
- 2 onzas de caldo de pollo
- ½ lata (14,5 onzas cada una) de tomates cortados en cubos, escurridos
- Sal al gusto
- Pimienta al gusto
- ½ cucharada de perejil fresco picado

Instrucciones:

1. Para hacer la sémola: Añada el agua y la mantequilla en una cacerola y póngala a fuego medio-alto. Cuando la mantequilla se

derrita, añada la harina de coco, la harina de almendras, el ajo en polvo, la sal y la pimienta y remueva constantemente hasta que esté ligeramente espesa.

2. Incorpore la coliflor y el queso cheddar. Caliente bien. Apague el fuego.

3. Añada el queso crema y mezcle bien. Tape y reserve hasta que se prepare la salsa.

4. Para hacer la salsa: Ponga una sartén antiadherente a fuego medio-alto. Añada el aceite. Cuando el aceite esté caliente, añada la cebolla, el zumo de limón, el pimiento, el ajo, las especias y las hierbas secas. Cocine hasta que estén ligeramente tiernos.

5. Incorpore los camarones y mezcle bien. Cocine hasta que los camarones estén ligeramente rosados en los bordes.

6. Añada los tomates, la sal y el caldo de pollo y cocine durante un par de minutos hasta que los camarones se vuelvan rosados.

7. Añada el perejil y remueva. Si ve que la salsa está líquida, saque los camarones y resérvelas. Cocine hasta que la salsa esté más espesa. Añada los camarones y remueva.

8. Divida la sémola en cuencos. Cubra con los camarones y la salsa y sirva.

Frittata de camarones del sur

Porciones: 2 – 3

Ingredientes:

- 1 cucharada de aceite de oliva virgen extra
- ¼ de taza de cebolla picada
- ¼ de taza de apio picado
- 2 cucharadas de leche de su elección
- Sal al gusto
- Pimienta recién molida al gusto
- 1 cucharada de perejil fresco de hoja plana picado
- 5 huevos grandes
- ½ taza de camarones cocidos y picados
- ½ cucharadita de condimento para mariscos o al gusto

Instrucciones:

1. Coloque una sartén resistente al horno (de tamaño pequeño) a fuego medio-alto. Añada ½ cucharada de aceite. Cuando el aceite

esté caliente, añada la cebolla, el apio y el pimiento verde y saltee hasta que estén ligeramente blandos.

2. Saque las verduras a un plato.
3. Añada los huevos, la sal, la pimienta y la leche en un bol y bata bien.
4. Añada los camarones, el condimento para marisco, el perejil y las verduras salteadas y mezcle bien.
5. Añada el aceite restante en la sartén. Cuando el aceite esté caliente, añada la mezcla de huevos y repártala por toda la sartén. Deje que se cocine durante un par de minutos. Apague el fuego y meta en el horno.
6. Hornee en un horno precalentado a 400° F durante unos 15 - 20 minutos. Retire del horno y deje reposar unos minutos.
7. Corte en trozos y sirva.

Perros calientes ceto

Porciones: 3

Ingredientes:

- 1 taza de queso mozzarella rallado
- 1 huevo grande, batido
- 1 cucharadita de polvo de hornear
- 4 perros calientes
- ½ cucharadita de ajo en polvo
- Mostaza, para servir
- 2 onzas de queso crema
- 1 ¼ tazas de harina de almendra
- ½ cucharadita de sal kosher
- 2 cucharadas de mantequilla derretida
- ½ cucharada de perejil fresco picado

Instrucciones:

1. Coloque una hoja de papel pergamino en una bandeja para hornear.
2. Añada el queso crema y el queso mozzarella en un bol apto para microondas. Caliente en el microondas a temperatura alta durante 40 - 50 segundos o hasta que se derrita. Remueva cada 15 segundos.
3. Incorpore los huevos.
4. Incorpore la harina de almendras, la sal y la levadura en polvo.
5. Divida la mezcla en 4 porciones iguales y dele forma de tronco largo.
6. Envuelva cada perrito caliente con un tronco.
7. Añada la mantequilla, el perejil y el ajo en polvo en un bol y remueva.
8. Unte esta mezcla sobre los perritos calientes. Colóquelos en la bandeja para hornear.
9. Hornee en un horno precalentado a 400° F durante unos 15 minutos o hasta que se dore.
10. Saque del horno y deje enfriar 5 minutos antes de servir.
11. Rocíe un poco de mostaza por encima y sirva.

Recetas latinas de Florida

Guiso de pollo marrón al estilo jamaicano

Porciones: 8

Ingredientes:

- 2 pollos enteros, cortados en trozos
- 4 zanahorias peladas y cortadas en rodajas
- 2 cebollas rojas picadas
- 4 cucharadas de jengibre fresco picado
- 4 pimientos morrones, cortados en cubos
- 7 - 8 cebollas verdes, cortadas en rodajas
- 6 dientes de ajo picados
- 2 pimientos scotch bonnet o cualquier otro pimiento, picados
- Zumo de 2 limas
- 2 cucharaditas de pimentón ahumado
- 4 cucharadas de aminos de coco
- 1 taza de caldo de pollo
- Pimienta recién molida al gusto

- Sal al gusto
- 4 cucharaditas de tomillo fresco picado
- 4 cucharaditas de pimienta de Jamaica molida
- 4 tazas de leche de coco
- 2 cucharadas de ghee o de aceite de coco o más si es necesario

Instrucciones:

1. Añada las cebollas verdes y rojas, el ajo, los pimientos, el pimentón, el ajo, el tomillo, el jengibre, la sal, la pimienta y los aminos de coco en un bol grande y remueva bien.
2. Añada el pollo y remueva hasta que el pollo esté bien cubierto. Tape y refrigere durante 2 - 12 horas.
3. Ponga un horno holandés a fuego alto. Añada el ghee. Cuando se derrita, añada sólo los trozos de pollo (conservar la marinada) y cocine hasta que se doren por todas partes. Cocine en tandas si es necesario.
4. Añada la marinada y remueva.
5. Baje el fuego a medio y añada las zanahorias y los pimientos.
6. Añada el caldo y remueva. Raspe el fondo de la olla para eliminar los trozos dorados que puedan estar pegados.
7. Añada la leche de coco y mezcle bien. Tape y cocine hasta que el pollo esté tierno.
8. Apague el fuego.
9. Sirva en tazones de sopa.

Calalou jamaicano

Porciones: 6

Ingredientes:

- 8 tazas de calalou
- 1 cebolla grande picada
- 4 cebollas verdes picadas
- 2 tomates medianos, picados
- 2 pimientos Scotch Bonnet o ½ cucharadita de pimienta de cayena
- 2 cucharadas de aceite de oliva o de coco
- 4 dientes de ajo, pelados y picados
- 4 ramitas de tomillo
- Sal al gusto
- 4 cucharadas de agua

Instrucciones:

1. Retire las membranas de los tallos de las hojas de calalou. Deseche las hojas viejas.
2. Ponga el calalou en un bol con agua fría y una cucharadita de sal. Déjelo reposar un rato. Escurra y enjuague con agua fresca. Escurra y corte en trozos más pequeños.
3. Ponga una olla grande a fuego medio. Añada el aceite. Cuando el aceite esté caliente, añada el resto de los ingredientes, excepto la sal y el calalou, y cocine hasta que la cebolla se vuelva rosa.
4. Añada el calalou, la sal y 4 cucharadas de agua. Cocine hasta que esté tierno.
5. Sirva caliente.

Calalou y Salmón

Porciones: 4

Ingredientes:

- 2 libras de hojas de calalou, enjuagadas y picadas
- 2 ramitas de tomillo
- 1 libra de salmón (bacalao)
- 2 dientes de ajo machacados o 4 cucharaditas de ajo en polvo
- 2 pimientos scotch bonnet
- Pimienta al gusto
- ½ taza de agua
- 2 cucharadas de margarina o aceite vegetal
- 1 cebolla grande picada
- Sal al gusto

Instrucciones:

1. Ponga una sartén a fuego medio. Añada el aceite. Cuando el aceite esté caliente, añada el pescado salado, el ajo, el tomillo, la

cebolla y el pimiento y saltee hasta que la cebolla esté transparente.

2. Añada las hojas de calalou y el agua y mezcle.
3. Cubra con una tapa y cocine hasta que estén tiernos.
4. Añada el pimiento scotch bonnet, la sal y la pimienta. Cocine a fuego lento durante unos minutos.
5. Opciones para servir: Sirva con rodajas de aguacate si se desea.

Camarones a la jamaicana

Porciones: 8

Ingredientes:

- 1 taza de cebolla picada
- 12 dientes de ajo picados
- 8-10 pimientos scotch bonnet o más al gusto
- 1 cucharadita de nuez moscada molida
- ½ cucharadita de canela molida
- 4 cucharaditas de pimiento entero
- ½ taza de aceite vegetal
- ½ taza de agua
- 2 cucharaditas de sal
- ½ taza de cebolletas picadas
- 2 cucharadas de jengibre picado
- 4 cucharaditas de tomillo fresco picado
- 10 clavos enteros
- 2 cucharadas de azúcar moreno Swerve

- 6 hojas de laurel
- ½ taza de vinagre
- ½ cucharadita de pimienta negra
- 4 libras de camarones

Instrucciones:

1. Para hacer los camarones: Añada todos los ingredientes, excepto los camarones, en un procesador de alimentos y mézclelo hasta que esté suave.
2. Coloque los camarones en un bol. Vierta la mezcla por encima. Cubra bien los camarones. Deje marinar un rato.
3. Ponga una parrilla o barbacoa al aire libre a precalentar a fuego medio.
4. Unte con aceite las rejillas de la parrilla. Coloque los camarones en la parrilla precalentada. Cocine durante 2-3 minutos. De la vuelta y cocine el otro lado durante 2-3 minutos. Bañe con la marinada mientras se asan.
5. Sirva sobre arroz de coliflor.

Pargo a la parrilla con mantequilla compuesta Old Bay

Porciones: 8

Ingredientes:

- 8 filetes de cerdo
- Zumo de 4 limones
- Cáscara de 2 limones, rallada
- 2 limones, cortados en rodajas finas
- 4 cucharadas de condimento Old Bay
- 1 taza de mantequilla, ablandada

Instrucciones:

1. Prepare una parrilla de calentamiento directo y precaliéntela a temperatura media-alta.
2. Para hacer la mantequilla compuesta: Añada el zumo de limón, la ralladura de limón, la mantequilla y el condimento Old Bay en un bol. Mezcle hasta que esté bien combinado.

3. Coloque una hoja de papel de aluminio en una bandeja para hornear. Engrase con spray de cocina. Coloque los filetes de pescado en la bandeja para hornear. Ponga una cucharada de mantequilla en cada filete.

4. Asar durante 7 - 8 minutos o hasta que se desmenuce fácilmente al pincharlo con un tenedor.

Arroz con pollo cetogénico bajo en carbohidratos

Porciones: 3

Ingredientes:

Para las pechugas de pollo:

- 1 libra de pechuga de pollo sin piel y sin hueso
- ½ cucharadita de sal
- ¼ de cucharadita de comino molido
- ½ cucharada de aceite de oliva virgen extra
- ¼ de cucharadita de pimienta o al gusto
- ¼ de cucharadita de pimentón

Para el arroz español:

- ½ cucharada de aceite de oliva virgen extra
- ¼ de taza de pimiento amarillo picado
- ¼ de taza de cebolla picada
- ¼ de taza de pimiento rojo picado

- 2 dientes de ajo picados
- ½ chile jalapeño, picado
- ½ cucharada de chile en polvo
- ½ cucharadita de sal
- ¼ de cucharadita de pimienta o al gusto
- ¼ de taza de salsa de tomate
- ½ cucharadita de comino molido
- ½ cucharadita de orégano seco
- 12 onzas de arroz de coliflor, fresco o congelado

Instrucciones:

1. Unte el pollo con un poco de aceite y colóquelo en una fuente de horno.
2. Añada todas las especias en un bol y remueva. Espolvoree todo el pollo.
3. Hornee en un horno precalentado a 450° F durante unos 15 a 18 minutos o hasta que esté bien cocido.
4. Saque el pollo del horno y cúbralo sin apretar con papel de aluminio. Déjelo reposar durante 10 minutos.

5. Corte en rodajas de ½ pulgada de ancho.
6. Ponga una sartén a fuego medio. Añada el aceite restante Cuando el aceite esté caliente, agregue la cebolla, el jalapeño y los pimientos y cocine hasta que estén ligeramente tiernos.
7. Incorpore el ajo y cocínelo unos segundos hasta que esté aromático.
8. Incorpore las especias y cocine durante 40 - 50 segundos.
9. Añada la coliflor y cocine hasta que esté ligeramente tierna.
10. Pruebe y rectifique la sazón si es necesario.
11. Incorpore la salsa de tomate.
12. Reparta el arroz de coliflor en los platos. Coloque las rodajas de pollo encima y sirva.

Ajiaco

Porciones: 3

Ingredientes:

- 1 ½ cucharadas de aceite de aguacate
- ¼ de taza de zanahorias picadas
- 2 dientes de ajo, pelados y picados
- 1 cebolla mediana, cortada en cubos
- ¼ de taza de tallos de apio picados
- 1 hoja de laurel
- ½ cucharadita de pimienta
- ½ cucharadita de sal o al gusto
- ½ cucharadita de orégano seco
- ½ cucharadita de perejil seco
- ½ cucharadita de comino molido
- ½ libra de codillos de jamón
- 10 onzas de muslos de pollo sin piel y sin hueso
- ½ taza de puré de calabaza sin azúcar

- ½ taza de floretes de coliflor
- ¼ de taza de rábanos cortados por la mitad
- 1 ½ tazas de caldo de pollo
- Gajos de limón, para servir

Instrucciones:

1. Ponga una olla a fuego medio. Añada el aceite. Cuando el aceite esté caliente, añada la cebolla, el apio, la zanahoria, el laurel y el ajo y cocine hasta que estén ligeramente tiernos.
2. Añada todas las especias, los codillos de jamón y el pollo y mezcle bien.
3. Cocine hasta que el pollo esté ligeramente dorado. Revuelva con frecuencia.
4. Incorpore el puré de calabaza y el caldo de huesos.
5. Cuando empiece a hervir a fuego lento, añada el rábano y la coliflor. Baje el fuego a bajo.
6. Tape y cocine a fuego lento durante 30 - 40 minutos o hasta que la carne se desprenda de los codillos de jamón.

7. Retire los huesos. Desmenuce el pollo con un par de tenedores. Deseche la hoja de laurel.

8. Mezcle bien. Sirva con trozos de lima.

Pollo a la jamaicana

Porciones: 3

Ingredientes:

- 1 ¾ libras de trozos de pollo con hueso, secados con palmaditas
- 2 dientes de ajo grandes, pelados
- ½ taza de cebollas verdes picadas
- ½ pulgada de jengibre, pelado y cortado en rodajas
- ½ chile habanero
- ½ cucharadita de sal
- ¼ de cucharadita de comino molido
- 1 cucharada de pimienta de Jamaica molida
- ¼ de cucharadita de canela molida
- ¼ de cucharadita de nuez moscada molida
- ¼ de cucharadita de clavo de olor molido
- 1 cucharada de aceite de oliva virgen extra
- 2 cucharadas de zumo de lima
- Arroz de coliflor para servir

- Gajos de lima, para servir
- ½ cucharada de swerve

Instrucciones:

1. Aparte el pollo, los trozos de lima y el arroz de coliflor y añada el resto de los ingredientes en una batidora y bátalos hasta que queden homogéneos.
2. Coloque el pollo en una fuente de horno. Vierta la mezcla por todo el pollo. Coloque el pollo en una sola capa en la fuente de horno.
3. Deje enfriar de 1 a 8 horas. Saque el pollo de la nevera 30 minutos antes de asarlo.
4. Ponga una parrilla o barbacoa al aire libre a precalentar a fuego medio.
5. Unte con aceite las rejillas de la parrilla. Coloque el pollo en la parrilla precalentada. Cocine durante 8 - 10 minutos. Dele la vuelta y cocine el otro lado durante 8 - 10 minutos o hasta que esté bien cocido. Bañe con la marinada mientras se asa.

6. También se puede hornear en un horno o cocinar en una sartén de parrilla.
7. Sirva sobre arroz de coliflor con trozos de lima.

Ensalada de pollo a la jamaicana

Porciones: 6

Ingredientes:

- 1 libra de pollo a la jamaicana, deshuesado y sin piel - consulte la receta anterior
- 1 cabeza de lechuga romana picada
- 3 tallos de apio, cortados en rodajas
- 1 aguacate maduro, pelado, sin hueso y cortado en rodajas
- ¼ de taza de mayonesa
- 3 pimientos rojos asados al fuego, picados
- 1 pepino inglés pequeño, cortado en rodajas
- Sal al gusto
- Pimienta al gusto

Instrucciones:

1. Añada todos los ingredientes en un bol y mézclelos bien.
2. Tape y deje enfriar hasta su uso.

Pollo al curry jamaicano

Porciones: 8

Ingredientes

Para el polvo de curry jamaicano:

- 2 cucharadas de semillas de comino
- 2 cucharadas de semillas de alholva
- 2 cucharadas de granos de pimienta negra
- 1 cucharadita de pimienta de Jamaica entera
- 2 cucharadas de semillas de mostaza
- 2 cucharadas de semillas de anís
- 2 cucharadas de semillas de cilantro
- 2 cucharadas de cúrcuma en polvo

Para el curry de pollo jamaicano:

- 6 cucharadas de aceite vegetal
- Sal gruesa al gusto
- Pimienta recién molida al gusto

- 8 dientes de ajo picados
- 1 pimiento Scotch Bonnet mediano, picado
- 4 cucharadas de tomillo fresco picado
- 4 tazas de leche de coco
- 8 muslos de pollo, sin piel, partidos
- 4 cebollas medianas, cortadas en rodajas finas
- 1 ½ cucharada de jengibre picado
- 8 cucharadas de curry jamaicano en polvo o al gusto
- 6 tazas de caldo de pollo
- Zumo de una lima

Instrucciones:

1. Para hacer el polvo de curry jamaicano Ponga una sartén a fuego medio. Añada el comino, las semillas de alhova, la mostaza, las semillas de cilantro, los granos de pimienta negra y la pimienta de Jamaica. Debe tostar hasta que estén aromáticas. Apague el fuego. Reserve para que se enfríe.
2. Cuando se enfríe, páselo a un molinillo de especias y muélalo hasta que quede fino. Añada en un bol. Añada la cúrcuma en

polvo y remueva bien. Utilice la cantidad necesaria y guarde el resto en un recipiente hermético.

3. Para hacer el pollo al curry: Espolvoree sal y pimienta sobre el pollo.

4. Ponga un horno holandés a fuego alto. Añada el aceite. Cuando el aceite esté caliente, añada el pollo y cocínelo hasta que se dore por todas partes. No apile el pollo. Cocine en tandas si es necesario.

5. Retire el pollo con una espumadera y colóquelo en un plato forrado con papel de cocina.

6. Añada la cebolla, el chile, el ajo y el jengibre a la olla. Cocine hasta que la cebolla esté blanda.

7. Incorpore el tomillo y el curry en polvo y remueva unos segundos hasta que se note el aroma.

8. Añada el zumo de lima y remueva. Vuelva a añadir el pollo a la olla. Vierte el caldo y la leche de coco.

9. Cuando empiece a hervir, baja el fuego y tapa la olla parcialmente. Cocina a fuego lento hasta que el pollo se

desprenda del hueso. Puede tardar de 1 a 1 ½ horas. Retire la grasa que flota en la parte superior si se desea.

Hamburguesas de carne jamaicanas

Porciones: 6

Ingredientes:

Para el relleno:

- ¼ de libra de carne picada sin grasa al 85%
- ¼ de libra de carne de cerdo molida
- ½ cebolla pequeña, picada
- ¼ de taza de agua
- 1 cucharada de mantequilla
- ½ cucharadita de curry jamaicano en polvo - receta anterior
- 1 cucharadita de cilantro molido
- ¼ de cucharadita de pimienta de Jamaica molida
- Una pizca de clavo molido
- 1/8 de cucharadita de stevia en polvo
- ½ cucharadita de tomillo seco
- 1 cucharadita de comino molido
- ¼ de cucharadita de cúrcuma molida

- ½ cucharadita de ajo en polvo
- Sal al gusto
- Pimienta al gusto

Para la corteza:

- 3 onzas de queso crema, ablandado
- ½ cucharadita de cúrcuma en polvo
- 1/8 de cucharadita de stevia
- ¼ de taza de harina de coco
- 1 cucharada de agua fría
- 2 cucharadas de mantequilla ablandada
- Una pizca grande de sal
- ¼ de cucharadita de levadura en polvo
- ¾ de taza de harina de linaza molida

Instrucciones:

1. Para el relleno: Añada la cebolla, el pimiento scotch bonnet, el ajo y el agua en una batidora y bata hasta que esté suave.

2. Ponga una sartén a fuego medio. Agregue la carne de res y de cerdo y cocine hasta que ya no esté rosada. Rómpalo simultáneamente mientras se cocina.
3. Añada la mezcla, la sal, la pimienta y mezcle bien. Cocine hasta que se seque. Apague el fuego.
4. Para hacer la corteza: Añada el queso crema y la mantequilla en un bol. Bata con una batidora eléctrica de mano hasta que quede ligero y cremoso.
5. Añada la harina de coco, la harina de lino, la sal, la cúrcuma, la levadura en polvo y la stevia en otro bol y mezcle bien. Añada en el bol del queso crema. Añada también el agua fría y mezcle hasta que se forme la masa.
6. Divida la mezcla en 6 porciones iguales y forme bolas.
7. Coloque una hoja de papel de pergamino en la encimera. Coloque una bola de masa sobre ella. Coloque otra hoja de papel pergamino sobre ella. Pase un rodillo hasta que tenga una forma redonda de unos 10 a 15 centímetros.
8. Ponga 1 o 2 cucharadas de la mezcla en una mitad de la masa enrollada. Doble la otra mitad sobre el relleno. Presione los

bordes para sellarlos y colóquelos en una bandeja para hornear forrada.
9. Repita los pasos 7 - 8 para hacer las tartas restantes.
10. Hornee en un horno precalentado a 350° F durante unos 25 minutos o hasta que se dore.

Cerdo cubano ceto (lechón)

Porciones: 10

Ingredientes:

- 2 libras de paleta de cerdo
- ½ cucharada de comino molido
- ½ cucharadita de pimienta
- ¼ de cucharadita de pimienta de cayena
- ½ cucharada de orégano seco
- ½ cucharada de pimentón
- 1 ½ cucharaditas de sal marina
- 1 cebolla, picada en trozos grandes
- 2 cucharadas de zumo de limón
- 1 hoja de laurel
- 4 dientes de ajo picados
- 2 cucharadas de vinagre blanco
- Arroz de coliflor cocido para servir

Instrucciones:

1. Añada todos los ingredientes excepto el arroz de coliflor en una olla.
2. Ponga a fuego lento. Cocine hasta que la carne de cerdo esté tierna. Escurra y desmenuce con un par de tenedores. Coloque en una bandeja de horno.
3. Ponga el horno en modo asar. Ase el cerdo hasta que esté crujiente.
4. Sirva caliente sobre arroz de coliflor.

Emparedados cubanos ceto

Porciones: 4 – 6

Ingredientes:

- 1 libra de queso suizo
- 1 libra de carne de cerdo desmenuzada
- 12 cucharadas de mantequilla sin sal
- 4 pepinillos grandes, cortados en rodajas
- 1 libra de jamón sin curar
- ¼ de taza de cebolla blanca picada
- 4 cucharadas de mostaza amarilla
- 4 - 6 panecillos ceto, divididos

Instrucciones:

1. Unte con mantequilla la parte cortada de los panecillos. Ponga una capa de queso, carne de cerdo, cebolla, jamón, pepinillos y mostaza. Cubra con la mitad superior de los panecillos.

2. Hornee en un horno precalentado a 350° F durante unos minutos hasta que el queso se derrita.

Bocadillos cubanos ceto

Porciones: 12

Ingredientes:

- 12 rodajas medianas de salami
- 6 cucharaditas de mostaza de Dijon
- 3 onzas de pepinillos picados
- 3 rebanadas de queso, cortadas en cuartos (trozos cuadrados)

Instrucciones:

1. Coge un molde para magdalenas de 12 unidades. Coloque una rebanada de salami en cada taza.
2. Divida los pepinillos entre las tazas. Ponga ½ cucharadita de mostaza en cada vaso.
3. Coloque un trozo de queso en cada taza.
4. Hornee en un horno precalentado a 350° F durante unos 12 - 15 minutos o hasta que los bordes estén crujientes. Retire del horno y deje reposar unos minutos.

Pollo puertorriqueño

Porciones: 8

Ingredientes:

- 4 libras de muslos de pollo
- 4 cucharadas de chile en polvo
- 2 cucharadas de semillas de cilantro machacadas
- 2 paquetes de arroz de coliflor (unas 8 tazas)
- 1 ½ tazas de pimientos rojos asados
- 1 taza de aceite de aguacate
- 4 cucharadas de cebolla granulada
- 4 tazas de cilantro empaquetado
- 4 cucharadas de ajo en polvo
- 1 taza de aceitunas verdes
- 4 cucharadas de alcaparras
- Sal al gusto

Instrucciones:

1. Mezcle el chile en polvo y el cilantro en un bol. Frote esta mezcla por todo el pollo.
2. Cocine el arroz de coliflor según las instrucciones del paquete.
3. Ponga una sartén grande a fuego medio. Añade un poco de aceite. Cuando el aceite se haya calentado, ponga el pollo y cocínelo hasta que se dore por todas partes. Retire el pollo con una espumadera y reserve en un plato.
4. Agregue 1 taza de pimientos rojos asados, el cilantro, la cebolla granulada, el ajo y el aceite de aguacate restante en una licuadora. Licúe hasta que quede suave.
5. Vierta en la sartén. Añada también el arroz de coliflor y mezcle bien. Añada el pollo y mezcle bien.
6. Reparta en los platos. Adorne con las aceitunas, las alcaparras y el resto de los pimientos rojos asados y remueva.

Sopa caribeña de calalou

Porciones: 10 – 12

Ingredientes:

- 2 manojos de hojas de calalou
- 2 cucharadas de aceite de oliva
- 8 dientes de ajo, pelados y picados
- 2 pimientos scotch bonnet enteros, sin semillas, picados
- 2 cucharaditas de pimienta o al gusto
- 2 cucharaditas de sal o al gusto
- 2 tazas de calabaza cortada en cubos pequeños
- 2 tazas de caldo de verduras
- 2 tazas de leche de coco
- 20 tallos de quimbombó, cortados en trozos de 1 pulgada
- ½ taza de cebollas picadas
- 2 pimientos rojos grandes picados
- 2 cucharaditas de sal kosher
- 2 cucharadas de pimentón dulce ahumado

- 6 ramitas de tomillo fresco
- 6 tazas de agua

Instrucciones:

1. Ponga una olla grande a fuego medio. Añada el aceite. Cuando el aceite esté caliente, añada las cebollas y saltéelas hasta que estén translúcidas.
2. Incorpore los pimientos y el ajo y remueva un par de minutos.
3. Incorpore el quimbombó y la calabaza. Cocine durante 3 - 4 minutos.
4. Añada el resto de los ingredientes y mezcle bien. Cocine a fuego lento hasta que las verduras estén tiernas.
5. Sirva en cuencos de sopa y sirva

Calalou caribeño y cangrejo

Porciones: 4

Ingredientes:

- 9 hojas de taro
- 1 cebolla mediana picada
- 3 dientes de ajo machacados
- ¼ de taza de calabaza pelada y cortada en cubos
- 1 chile habanero pequeño
- 2 cangrejos azules, limpios y picados
- 2 cebollas verdes picadas
- 6 vainas de quimbombó, finamente picadas
- 2 ramitas de tomillo fresco
- 2 onzas de cola de cerdo salada (opcional)
- ½ taza de agua
- 1 ½ tazas de leche de coco
- Sal al gusto

Instrucciones:

1. Deseche la piel de los tallos de las hojas de taro y deseche también la punta de la costilla central. Lávelo bien y córtelo en trozos del tamaño de un bocado.
2. Añada todos los ingredientes, excepto el cangrejo y la sal, en una olla. Ponga la olla a fuego lento. Tape y cocine hasta que estén tiernos.
3. Agregue el cangrejo y cocine un poco más hasta que el cangrejo esté cocido. Deseche el habanero.
4. Añada sal y remueva. Mezcle con una batidora de inmersión hasta que esté suave.
5. Sirva sobre arroz de coliflor caliente.

Recetas de postres sureños

Pastel de mantequilla sureño ceto

Porciones: 12

Ingredientes:

- 6 huevos grandes
- ½ taza de mantequilla
- 4 cucharaditas de harina de coco
- 2 tazas de harina de almendra blanqueada
- ½ taza de edulcorante granulado
- ½ cucharadita de levadura en polvo
- 1 cucharadita de extracto de mantequilla
- ½ cucharadita de sal
- 1 cucharadita de estevia líquida o fruta monje líquida

Instrucciones:

1. Engrase un molde Bundt para pasteles con un poco de aceite o mantequilla. Reserve.

2. Derrita la mantequilla y déjala enfriar a temperatura ambiente.
3. Añada todos los ingredientes secos a un bol.
4. Añada los huevos y el edulcorante a un bol grande. Bata con una batidora eléctrica hasta que estén bien combinados.
5. Añada los ingredientes secos en el bol de la batidora a la vez y bata hasta que estén bien combinados.
6. Añada el extracto de mantequilla y vuelva a batir.
7. Vierta en la bandeja preparada.
8. Hornee en un horno precalentado a 350° F durante unos 30 minutos o hasta que al insertar un palillo en el centro éste salga limpio.
9. Deje enfriar un poco. Corte y sirva.

Tarta de chocolate

Porciones: 12

Ingredientes:

- ½ taza de harina de coco
- ¾ de taza de swerve o eritritol
- 1 cucharadita de polvo de hornear
- 1 cucharadita de bicarbonato de sodio
- ½ cucharadita de canela molida
- 1/8 de cucharadita de polvo concentrado de stevia
- ½ taza de cacao en polvo sin azúcar
- ¼ de cucharadita de sal marina
- 4 huevos grandes, batidos
- 2 tazas de calabacín rallado
- ¼ de taza de aceite de coco derretido
- 1 cucharadita de extracto de vainilla
- 6 cucharadas de chispas de chocolate sin azúcar (opcional)

Para el glaseado de crema de mantequilla de chocolate: Opcional

- ½ taza de mantequilla, ablandada
- 1/3 de taza de cacao en polvo sin azúcar
- 1 cucharadita de extracto de vainilla
- ½ taza de swerve confitero o Sukrin Melis
- 2 cucharadas de leche de almendras sin azúcar o leche de coco o más si es necesario
- ½ cucharadita de glicerita de stevia o polvo de fruta monje

Instrucciones:

1. Para hacer el pastel: Añada todos los ingredientes secos en un bol para mezclar y remueva.
2. Añada todos los ingredientes húmedos, excepto el calabacín y las pepitas de chocolate si se utilizan, al bol de los ingredientes secos y bata bien.
3. Añada el calabacín y los trozos de chocolate y mezcle suavemente.
4. Engrase una fuente de horno pequeña (6 pulgadas) con spray de cocina. Coloque una hoja de papel pergamino.
5. Vierta la masa en el plato.

6. Hornee en un horno precalentado a 350° F durante unos 25 minutos o un palillo que al insertarlo en el centro salga limpio. Retire del horno y deje enfriar un rato.

7. Para hacer el glaseado de crema de mantequilla de chocolate: Añada la mantequilla en un bol. Bata con una batidora de mano hasta que esté cremoso. Añada el edulcorante y el cacao y mezcle hasta que esté cremoso.

8. Añada la leche de almendras y bata hasta que esté bien combinada.

9. Añada la stevia y la vainilla y bata bien.

10. Coloque el pastel en una bandeja o soporte para pasteles. Extienda el glaseado sobre el pastel. Refrigere hasta su uso.

11. Corte en rodajas y sirva.

Pastel sureño de coco y nueces ceto

Porciones: 8 – 10

Ingredientes:

<u>Para el pastel:</u>

- 6 huevos grandes, separados
- 6 cucharadas de aceite de coco sólido + extra para engrasar
- 1 ½ cucharaditas de extracto de vainilla
- 1 ½ cucharaditas de extracto de coco
- 6 cucharadas de harina de coco
- 1/8 de cucharadita de goma xantana
- 2 cucharadas de coco rallado, sin azúcar
- 1 ½ cucharaditas de cremor tártaro
- 6 cucharadas de swerve
- ¼ +1/8 de cucharadita de bicarbonato de sodio
- 1/8 cucharadita de sal marina

<u>Para el glaseado: Opcional</u>

- 6 onzas de queso crema, ablandado
- ½ taza de leche de coco, sin endulzar
- ½ cucharadita de extracto de coco
- ½ cucharadita de extracto de vainilla
- ¼ de taza de mantequilla, ablandada
- 2 tazas de confitería Swerve
- 6 cucharadas de coco rallado, sin azúcar, para decorar
- ¼ de taza de nueces tostadas picadas, para decorar

Instrucciones:

1. Engrase una fuente de horno (8 pulgadas) con aceite. Coloque una hoja de papel pergamino en el fondo de la fuente.
2. Añada las claras de huevo y el cremor tártaro en un bol. Bata con una batidora eléctrica de mano hasta que se formen picos firmes.
3. Añada el aceite de coco en otro bol y bata ligeramente. Bata las yemas.
4. Añada la harina de coco, la goma xantana, el swerve, el bicarbonato de sodio, la sal, la vainilla y el extracto de coco y bata hasta que estén bien combinados.

5. Añada el coco rallado y remueva con una espátula. Añada las claras y mezcle suavemente,
6. Coloque la masa en la fuente de horno con una cuchara.
7. Hornee en un horno precalentado a 350° F durante unos 25 minutos o que un palillo, al insertarlo en el centro, salga limpio Retire del horno y deje enfriar un rato.
8. Para hacer el glaseado: Añada el queso crema, el swerve y la mantequilla en un bol y bata hasta que esté cremoso.
9. Añada la leche de coco, la vainilla y el extracto de coco y bata hasta que esté bien combinado.
10. Coloque la tarta en una fuente o soporte para tartas. Extienda el glaseado sobre el pastel.
11. Espolvoree las nueces y el coco por encima.
12. Refrigere hasta su uso.
13. Corte en rodajas y sirva.

Tarta de calabaza

Porciones: 4

Ingredientes:

Para la corteza:

- 1 ½ tazas de coco desecado
- 4 cucharadas de aceite Brain Octane o ½ cucharada de ghee o aceite de coco derretido
- 1 cucharada de crema de coco
- ¼ - ½ cucharada de swerve o eritritol

Para el relleno de calabaza:

- 1 ½ cucharadas de aceite de coco o ghee o mantequilla, derretidos
- 1 cucharadita de CollaGelatin
- 7,5 onzas de calabaza al vapor o de puré de calabaza sólido en lata
- 1 cucharadita de extracto de vainilla
- Una pizca de clavo o cardamomo molido

- ¼ de taza de crema de coco
- 2 cucharadas de agua
- 1 ½ cucharaditas de canela de Ceilán molida
- Una pizca de sal

Para servir:

- Helado de vainilla ceto o crema de coco batida.

Instrucciones:

1. Para hacer la corteza: Añada el coco en el bol del procesador de alimentos. Procese hasta que quede muy fino. Añada el resto de los ingredientes de la corteza y procese hasta que estén bien combinados.
2. Coloque una hoja de papel pergamino en el fondo de un molde para tartas de 6 pulgadas. Coloque la mezcla en el molde y presione bien sobre el fondo y los lados del mismo.
3. Congele hasta que esté firme.

4. Para hacer el relleno: Añada la CollaGelatin y el agua en un bol y remueva hasta que se disuelva por completo. Deje de lado durante 5-8 minutos.
5. Ponga un cazo con la crema de coco a fuego lento. Añada la mezcla de CollaGelatin. Remueva con frecuencia hasta que se disuelva por completo. Apague el fuego.
6. Pase a una batidora. Añada el resto de los ingredientes para el relleno y bata hasta que esté suave.
7. Reparta el relleno sobre la corteza. Cubra el molde con papel film y congele durante unas 2 horas.
8. Corte en trozos y sirva con helado de vainilla keto o crema de coco batida.

Tarta de manzana ceto

Porciones: 8

Ingredientes:

Para la corteza:

- ¼ de taza de mantequilla
- 6 cucharadas de harina de coco
- ½ cucharada de cáscaras de psyllium enteras
- ¾ de taza de harina de almendra
- 2 huevos
- ¼ de cucharadita de sal

Para el relleno:

- 5 calabazas chayote pequeñas, peladas y cortadas en rodajas
- ¾ de cucharadita de canela molida
- Una pizca de nuez moscada molida
- 1/8 de cucharadita de jengibre molido
- ½ cucharada de goma xantana

- ½ cucharada de zumo de limón
- 3 cucharadas de mantequilla fría, cortada en trozos
- 6 cucharadas de swerve o eritritol + extra para espolvorear
- 1 cucharadita de extracto de manzana (opcional)
- 1 huevo pequeño, batido, para pincelar

Instrucciones:

1. Para hacer la corteza: Derrita la mantequilla y déjela enfriar a temperatura ambiente. Añada todos los ingredientes de la corteza, incluida la mantequilla, en un bol y mézclelos bien hasta obtener una masa.
2. Divida la masa en 2 porciones iguales y forme bolas.
3. Tome un molde para tartas de 5 a 6 pulgadas. Coloque una bola de masa en él. Presione sobre el fondo y los lados del molde. Reserve la otra bola de masa.

4. Coloque las rodajas de chayote y el agua en una cacerola a fuego medio. Cocine hasta que el chayote esté tierno. Escurra.
5. Añada el chayote de nuevo a la cacerola. Añada las especias, el edulcorante, el zumo de limón y el extracto de manzana y mezcle bien.
6. Extienda la mezcla de chayote sobre la corteza. Coloque trozos de mantequilla por todo el relleno.
7. Enrolle la otra bola de masa (colóquela entre 2 hojas de papel pergamino mientras la enrolla) en forma de círculo (de aproximadamente 5 - 6 pulgadas) y colóquela sobre el relleno. Presione los bordes de ambas cortezas para sellarlas.
8. Haga unas pequeñas hendiduras en la parte superior de la tarta (en la masa enrollada). Pincele ligeramente el huevo batido por toda la corteza superior.
9. Espolvoree un poco de edulcorante por toda la corteza si se desea.
10. Hornee en un horno precalentado a 375° F durante unos 30 minutos o hasta que se dore por encima.
11. Enfríe ligeramente. Corte en 8 rebanadas iguales y sirva.

Pastel de chocolate vegano ceto

Porciones: 6

Ingredientes:

Para la corteza:

- 6 cucharadas de harina de coco
- ¼ de taza de aceite de coco, derretido
- Una pizca de sal
- 1 cucharada de cáscara de psyllium
- ¼ de taza de agua

Para el relleno:

- 1 onza de chocolate sin azúcar o chocolate endulzado con stevia, derretido
- ½ taza de aceite de coco
- ½ cucharadita de Stevia (opcional, solo si está utilizando chocolate sin azúcar)
- 2 latas (14,5 onzas cada una) de leche de coco entera

- 2 tazas de mantequilla de almendras

Instrucciones:

1. Para hacer la corteza: Añada el agua y el aceite de coco en un bol. Añada la cáscara de psyllium y mezcle bien. Remueva durante un minuto aproximadamente.
2. Añada la harina de coco y la sal y remueva. Deje reposar un par de minutos o hasta que se haya absorbido el agua.
3. Coloque la masa en un molde pequeño para tartas (de unas 5 a 6 pulgadas). Presione bien el fondo y los lados del molde.
4. Pinche la corteza en algunos lugares con un tenedor.
5. Hornee en un horno precalentado a 350° F durante unos 30 minutos o hasta que esté ligeramente dorado por encima. Retire del horno y deje enfriar durante 15 minutos.
6. Para hacer el relleno: Añada todos los ingredientes del relleno en una batidora y bata hasta que estén bien incorporados. Vierta sobre la corteza.
7. Refrigere durante 8-9 horas.
8. Corte y sirva.

Bayas crujientes

Porciones: 12

Ingredientes:

- 2 - 3 cucharaditas de eritritol en polvo o swerve
- 5 - 6 tazas de bayas

Para la cobertura:

- 3 tazas de harina de almendras
- 1 taza de mantequilla, ablandada
- 2 cucharaditas de extracto de vainilla
- 4 cucharadas de swerve o eritritol en polvo
- 1 cucharadita de canela molida
- 1 taza de nueces picadas

Para servir:

- Nata líquida

Instrucciones:

1. Esparza las bayas en una fuente para hornear. Espolvoree el edulcorante por encima.
2. Para la cobertura: Añada la harina de almendras, la mantequilla, la vainilla, el edulcorante y la canela en un bol y mezcle bien.
3. Añada las nueces y remueva bien.
4. Extienda la cobertura sobre las bayas.
5. Hornee en un horno precalentado a 350° F durante unos 30 minutos o hasta que esté ligeramente dorado por encima. Retire del horno y deje enfriar durante 15 minutos.
6. Cubra con crema de leche y sirva.

Tarta de moras

Porciones: 4

Ingredientes:

Para rellenar:

- 2 tazas de moras
- ½ cucharadita de zumo de limón
- 2 cucharadas de edulcorante Monkfruit
- 1/8 de cucharadita de goma xantana

Para la cobertura:

- ½ taza de harina de almendra
- 1 ½ cucharadas de edulcorante Monkfruit
- 2 cucharadas de mantequilla derretida
- ¼ de cucharadita de canela molida

Instrucciones:

1. Para hacer el relleno: Añada todos los ingredientes del relleno en una fuente de horno y remueva hasta que estén bien combinados.
2. Para hacer la cobertura: Añada todos los ingredientes de la cobertura en un bol y mezcle hasta que se desmenuce.
3. Esparza la cobertura sobre las bayas.
4. Hornee en un horno precalentado a 350° F durante unos 30 minutos o hasta que esté ligeramente dorado por encima. Retire del horno y deje que se enfríe durante al menos 15 minutos.
5. Sirva caliente o frío con helado ceto si se desea.

Brownies

Porciones: 15 - 18

Ingredientes:

- 1 ½ tazas de harina de almendra
- 1 ½ tazas de nueces de macadamia picadas
- 10 cucharadas de mantequilla salada
- 4 huevos grandes
- 2 cucharaditas de extracto de vainilla
- 1 ½ tazas de eritritol
- ½ taza de aceite de coco
- 6 cucharadas de cacao en polvo
- 3 cucharaditas de polvo de hornear
- 2 cucharaditas de café instantáneo

Instrucciones:

1. Forre una fuente de horno grande (9 x 12 pulgadas) con papel pergamino.

2. Añada la mantequilla, el aceite de coco y el eritritol en un bol. Bata con una batidora eléctrica de mano hasta que esté cremoso.
3. Bata los huevos.
4. Añada la harina de almendras, el cacao, la levadura en polvo y el café y mezcle bien. Añada la vainilla y la mitad de las avellanas y remueva bien.
5. Vierta la masa en la fuente de horno. Esparza las avellanas restantes por encima. Presione ligeramente para que se adhieran.
6. Hornee en un horno precalentado a 350° F durante unos 16 a 20 minutos o hasta que al insertar un palillo en el centro éste salga limpio.
7. Retire del horno. Deje enfriar sobre una rejilla durante 15 minutos.
8. Corte en 15 - 18 trozos iguales y sirva.

Crema de lima

Porciones: 4 – 5

Ingredientes:

Para la crema:

- 4 onzas de queso crema, ablandado
- 2 ½ cucharaditas de cáscara de lima rallada
- 5 cucharadas de edulcorante Monkfruit en polvo
- ¾ de taza de nata para montar
- 1 ½ cucharadas de zumo de lima

Para la cobertura:

- 1 cucharada de edulcorante Monkfruit en polvo
- ¼ de taza de nata para montar

Instrucciones:

1. Para la crema: Añada la nata espesa en un bol y bata a velocidad media hasta que se formen picos duros.

2. Añada el queso crema, el zumo de lima, la ralladura de lima y el edulcorante en un bol. Bata hasta que esté suave.
3. Añada la nata montada en el bol del queso crema y bata hasta que esté bien incorporada.
4. Pase a una sartén engrasada o a cuencos individuales para servir.
5. Para la cobertura: Añada la nata espesa y el edulcorante en un bol y bata a velocidad media hasta que se formen picos duros.
6. Forme la crema con una cuchara y deje enfriar durante 8 - 9 horas.
7. Sirva frío.

Churros ceto

Porciones: 6 – 8

Ingredientes:

- 4 cucharadas de harina de coco
- 6 cucharadas de harina de almendra
- ¼ de cucharadita de goma xantana
- ½ taza de agua
- 1 cucharadita de extracto de stevia
- 1 huevo pequeño
- Una pizca de sal
- ½ cucharada de aceite de coco
- Una pizca grande de canela molida + extra para adornar

Para servir: Opcional

- Jarabe de chocolate sin azúcar
- 1 cucharadita de swerve en polvo o eritritol o stevia

Instrucciones:

1. Añada la harina de coco, la harina de almendra, la sal y la goma xantana en un bol y remueva.
2. Añada el agua, la canela, la stevia y el aceite de coco en un cazo y póngalo a fuego medio.
3. Cuando empiece a hervir, apague el fuego. Deje que se enfríe durante 3 o 4 minutos.
4. Incorpore los ingredientes secos con una espátula de goma.
5. Incorpore el huevo. Mezcle hasta que esté bien combinado.
6. Pase la masa a una manga pastelera. Coloque una boquilla de estrella en la manga pastelera.
7. Coloque una hoja de papel pergamino en una bandeja para hornear.
8. Coloque los churros en el pergamino. Elija la longitud de los churros que más le convenga.
9. Hornee en un horno precalentado a 350° F durante unos 16 - 20 minutos hasta que se doren los bordes.
10. Ponga el horno en modo asar, a fuego lento y ase durante unos minutos hasta que se dore.

11. Retire del horno y deje enfriar unos minutos. Espolvoree canela y edulcorante por encima y sirva con sirope de chocolate sin azúcar.

Conclusión

Gracias por comprar el libro.

Si es usted una persona a la que siempre le ha gustado la comida sureña, pero tiene problemas de peso, no tiene que preocuparse más. La cocina sureña es muy poco saludable, ya que incluye ingredientes ricos en grasas, carbohidratos y azúcares. Es por esta razón que la mayoría de las personas se preguntan si deben seguir comiendo estos alimentos. Les encanta la deliciosa comida, pero les preocupa que afecte a su salud. Numerosos estudios demuestran que la cocina sureña es terrible para la salud en general. Dicho esto, siempre hay una forma de evitarlo. Todo lo que tiene que hacer es encontrar los ingredientes que pueda utilizar en lugar de los ingredientes con alto contenido en carbohidratos.

Si quiere seguir la dieta cetogénica y seguir comiendo la cocina sureña, pero no sabe por dónde empezar, ha llegado al lugar adecuado. Este libro tiene algunas recetas deliciosas que le ayudarán a introducirse en la dieta cetogénica mientras sigue consumiendo la comida sureña. Estas recetas son fáciles de hacer y extremadamente deliciosas. Definitivamente, se le hará la boca agua. Espero que disfrute de las recetas del libro.

www.ingramcontent.com/pod-product-compliance
Lightning Source LLC
Chambersburg PA
CBHW071358290426
44108CB00014B/1594